Burghard Krause

AUSZUG AUS DEM SCHNECKENHAUS

Kopiervorlagen
für Folien und Arbeitsblätter
zu den Workshops

I
Von Gottes Leidenschaft für die Welt - und wie wir uns davon anstecken lassen

I-1	Leidenschaft meint ... (ungefülltes Raster)
I-2	Leidenschaft meint ... (gefülltes Raster)
I-3	Bild: Der leidenschaftslose Gott
I-4	Bild: Der leidenschaftliche Gott
I-5	Beide Bilder in Gegenüberstellung
I-6	Text: Lk. 15, 4 - 6 (Verlorenes Schaf)
I-7	Glaube ist immer persönlich - aber er ist nie privat
I-8	Bild: 2 Männer von vorn
I-9	Bild: 2 Männer von hinten
I-10	Als Jesus das Volk sah, jammerte es ihn (Text und Fragen)
I-11	Bild: Die Alkoholikerin
I-12	Einen Menschen mit Gottes Augen sehen heißt...
I-13a-b	Text: "Der Zettel" (Fulbert Steffensky)
I-14	Wenn ich mir die gegenwärtige Weltlage ansehe
I-15	Text von Karl Barth
I-16	Bild: Hand und Weltkugel
I-17	Bild: Brillenputzerin
I-18a-e	Statements zum Stichwort "Reich Gottes"
I-19	Alte Welt - neue Welt
I-20	Gemeinde als Teil der missio dei
I-21	Kirche - Clubhaus oder Seenot-Station? (Text und Fragen)
I-22a-c	Kirche - Clubhaus oder Seenot-Station (Bilder)
I-23	Du gibst meinen Schritten weiten Raum (Fuß-Symbol)
I-24	Bild: Auszug aus dem Schneckenhaus
I-25	Bild: Fischzug
I-26a-c	Brief Gottes an Jona

> II
> Von einem zeichenhaften Lebensstil -
> und wie er unseren Alltag verändert

II-1	Bild: Haben Christen Grund zur Freude?
II-2	Bild: Ohne Angst leben
II-3	Bild: Ich bin nur seit einigen Tagen krank
II-4	Was mich froh macht, wenn ich an Gott denke (Raster)
II-5	Bild: Lebenshaus
II-6	Bild: Feste Wände
II-7	Bild: Ererbte Stil-Möbel
II-8	Bild: Bewegliches Mobiliar
II-9	Bild: Stall-Geruch
II-10	Text: Lk. 19, 1 - 8 (Zachäus)
II-11	Bild: Lebensstil als Kletterleiter
II-12	Bild: Lebensstil als Lobpreis der Güte Gottes
II-13	Martin-Luther-Wort zur Rechtfertigung (Text und Fragen)
II-14	Bild: Bäume im Wind
II-15	Bild: Weinstock und Reben 1 (Jesus und wir)
II-16	Bild: Weinstock und Reben 2 (Heiliger Geist)
II-17	Früchte des Glaubens (Bild und Fragen)
II-18	Kreative Spannungen im Lebensstil Jesu
II-19	Gottesdienst zu Joh. 20, 1 - 19 (Text und Weg-Stationen)
II-20	Impulse für Gottesdienst-Vorbereitung: Gruppe 1
II-21	Todes-Hingabe-Gebet
II-22	Impulse für Gottesdienst-Vorbereitung: Gruppe 2
II-23	Impulse für Gottesdienst-Vorbereitung: Gruppe 3
II-24a-b	Spielregeln eines österlichen Lebensstils

> III
> Vom Mündigwerden der Christen -
> und wie unser Glaube zur Sprache findet

III-1	Bild: Das Schweigen der Christen
III-2	Text: Ich schäme mich (Lothar Zenetti)
III-3	Ursachen für die Sprachlosigkeit der Christen (Überblick)
III-4	Bild: Straßenmission mit Kommunikationshürden
III-5	Bild: Kommunikation (Sender - Empfänger)
III-6	Bild: Vier Signal-Ebenen im Kommunikations-Prozeß
III-7a-b	Text: Brief eines unbekannten Studenten (Tobias Brocher)
III-8	Bild: Maske
III-9	Bild: Schlüssel
III-10	Lebensthema und Glaubensthema (Beispiele)
III-11	Bild: Lebensthema - Schlüsselthema des Glaubens
III-12	Lebensthema - Glaubensthema (Bild + Arbeitsaufträge)
III-13	Bild: Telefon
III-14	Rollenkarte für Rollenspiel "Telefon-Seelsorge"
III-15	Bild: Seiltänzer
III-16	Worte des Evangeliums, die man erproben kann
III-17	Erlebnis + Deutung = Erfahrung
III-18	Glaubenserfahrung = im Licht des Evangeliums gedeutetes Erleben
III-19	Spielregeln für Würfelspiel "Christen erzählen vom Glauben"
III-20	Schlagworte gegen den Glauben
III-21	Bild: Rede-Duell
III-22	Bild: Eisberg
III-23	Gesprächsregeln für den Umgang mit Schlagworten
III-24	Zum Schlagwort "Ich finde meinen Gott auch im Wald"
III-25	Zum Schlagwort "Die Leute, die dauernd zur Kirche rennen..."
III-26	Auf den Spuren des Philippus (Stationen zu Apg. 8, 26 - 40)
III-27	Text: Apg. 8, 26 - 40
III-28	Bild: Gottes Geist als Sprachhilfe im Glaubensgespräch

Burghard Krause: Auszug aus dem Schneckenhaus, Aussaat Verlag

IV
Vom verborgenen Schatz der Gemeinde - und wie wir unsere Gaben entdecken

IV-1	Bild: Der Pastor ernährt die Gemeinde
IV-2	Erstellung eines Gemeindeprofils
IV-3	Text: 1. Kor. 12, 12 - 20. 26 - 27
IV-4	"Leib Christi" - Leitbild der Gemeindeentwicklung
IV-5	Glaube - Gemeinschaft - Gaben - Dienst
IV-6	Kierkegaards Gänsegeschichte + Aufträge für Arbeitsgruppen
IV-7	Bild: Gans
IV-8	Erläuterungen zum Begriff "Charisma"
IV-9	Bild: Christen ohne Selbstbewußtsein
IV-10	Was jeder Christ über sich selbst glauben darf
IV-11	Gaben und Grenzen
IV-12	Bild: Von der Vielfalt des Leibes Christi
IV-13	Anregungen für Gruppengespräche über "Gemeinde und Gaben"
IV-14	Bild: Jede(r) ist ein Geschenk Gottes an die Gemeinde
IV-15	Bild: Predigt an die unausgepackten Geschenke
IV-16	Weg-Stationen des Gaben-Entdeckens
IV-17	Text: Ich kann nicht dichten wie Goethe
IV-18	Gaben im Neuen Testament (Raster)
IV-19	Arbeitsaufträge zu Gruppengesprächen über IV-18
IV-20	Übersicht: Das Enneagramm als Hilfe zum Gaben-Entdecken
IV-21	Enneagramm-Fragen zum Gaben-Profil der Gemeinde
IV-22	Arbeitsblatt zur Gaben-Erkundung in Dreier-Gruppen
IV-23	Gaben und Aufgaben
IV-24	Raster und Fragen zur Zuordnung von Gaben und Aufgaben
IV-25	Text: Die wunderbare Zeitvermehrung (Lothar Zenetti)
IV-26	Text: Mt. 14, 13 - 21 (Speisung der 5000)
IV-27	Agendarischer Rahmen für einen Gottesdienst zu Mt. 14, 13ff
IV-28	Vorbereitungsgruppen für den Gottesdienst
IV-29a-b	Anregungen für die Vorbereitungsgruppen
IV-30	Bild: Symbol "Brote und Fische"

> # V
> Vom Vorgeschmack des Himmels -
> und wie der Gottesdienst zum Fest wird

V-1	Bild: "Liebe Gemeinde! - Ich heiße Brigitte!"
V-2a-d	Text: Erfahrungen mit dem Gottesdienst (Okko Herlyn)
V-3	Tränenkreis und Sehnsuchtskreis
V-4	Grundstruktur des Gottesdienst-Ablaufs
V-5	Gottesdienst und Gemeinde (Fragen zum Gespräch)
V-6	Vier Dimensionen des Gottesdienstes
V-7	Impulse zu Gruppengesprächen über die vier Dimensionen
V-8	Fragen zum Video-Film über die Thomas-Messe
V-9	Gründe für verschiedene Gottesdienstvorstellungen
V-10	Wie kommt es zur Erneuerung des Gottesdienstes? (Impulse)
V-11a-d	Praktische Anregungen zur Verlebendigung des Gottesdienstes
V-12	Bild: Bibel-Teilen in Afrika
V-13	Die Sieben-Schritte-Methode

> **VI**
> Vom Segnen, Lösen und Heilen -
> und wie wir befreiend handeln können

VI-1	"Viel Glück und viel Segen" (Spruch-Sammlung)
VI-2	Lied: Gott, dein guter Segen ist wie ein großes Zelt
VI-3	Altkirchlicher Segen
VI-4	Text: Mk. 10, 13 - 16 (Kindersegnung)
VI-5a-b	Segen - was ist das eigentlich? (Biblische Grundorientierung)
VI-6	Bild: Segnung
VI-7	Zur Praxis des Segnens
VI-8	Bilder und Fragen zum Umgang mit Schuld
VI-9	Beichte - Gefühle, Assoziationen, Erfahrungen
VI-10a-b	Thesen zu einem evangelischen Verständnis der Beichte
VI-11	Joh. 20, 22 + 23 und Fragen zum Gespräch
VI-12	Vorschlag für eine einfache "Beicht-Liturgie"
VI-13	Text: Mk. 2, 1 - 12 (Heilung des Gelähmten)
VI-14	Text A: Frau Annemarie N. erzählt
VI-15	Text B: Pastor Klaus B. erzählt
VI-16	Arbeitsaufträge für Gruppengespräche zu VI-14 und VI-15
VI-17a-b	Krankheit und Heilung - Biblische Grundorientierung
VI-18a-b	Jak. 5, 13 ff - Bericht über einen Salbungsgottesdienst

VII
Vom Hunger nach Gerechtigkeit -
und wie wir miteinander teilen lernen

VII-1	Gebet vor einem Geldschein (Michel Quoist)
VII-2	Fragen zum persönlichen Umgang mit Geld
VII-3a-b	Arbeitsaufträge zur Frage "Neue Armut in Deutschland"
VII-4	Datenübersicht "Neue Armut"
VII-5	Folgen der Tabuisierung des Themas "Armut und Reichtum"
VII-6	Deutscher Mietenspiegel (Aktuelle Daten)
VII-7a-d	Rollenkarten zum Rollenspiel "Konflikt im Gesprächskreis"
VII-8a-b	Weltwirtschaft und soziale Gerechtigkeit (Denkanstöße)
VII-9	Text: Mk. 10, 17 - 22 (Reicher Jüngling)
VII-10	Bild: Gib den Hungernden zu essen ...
VII-11a-b	Arbeitsmaterial Gruppe 1: Alternativer Lebensstil (Ronald Sider)
VII-12a-b	Arbeitsmaterial Gruppe 2: Spendengemeinschaft (Werner Jacken)
VII-13a-b	Arbeitsmaterial Gruppe 3: Alternative Geldanlage (EDCS)
VII-14	Strukturgraphik: EDCS
VII-15	Text: Lk. 10, 25 - 37 (Barmherziger Samariter)
VII-16	Selbstverpflichtung

I-1

"LEIDENSCHAFT" meint:	*"LEIDENSCHAFT" schließt aus:*

Arbeitsaufträge an die Gruppen:

* *Versuchen Sie, den Begriff "Leidenschaft" inhaltlich zu füllen, indem Sie ihn durch andere Worte umschreiben. Dabei kann es auch hilfreich sein, Begriffe zu nennen, die das Gegenteil von Leidenschaft ausdrücken.*
  Notieren Sie Ihre Ergebnisse!

* *Erzählen Sie sich von Menschen, deren Leidenschaft für etwas oder jemanden Sie fasziniert hat!*

* *Wenn Ihnen jemand versichert:"Ich bin leidenschaftlich an Deinem Leben interessiert" - was würden (was könnten) Sie von dieser Person erwarten?*
  Woran würden Sie die Glaubwürdigkeit dieser Versicherung messen?

Burghard Krause: Auszug aus dem Schneckenhaus, Aussaat Verlag

"LEIDENSCHAFT" meint:	"LEIDENSCHAFT" schließt aus:
Passion	Apathie
Hingabe	Rückzug
Anteilnahme	Selbstgenügsamkeit
Interesse	Gleichgültigkeit
Liebesfähigkeit	Verschlossenheit
Verwundbarkeit	Leidensscheu

Burghard Krause: Auszug aus dem Schneckenhaus, Aussaat Verlag

I-3

Burghard Krause: Auszug aus dem Schneckenhaus, Aussaat Verlag

I-4

Burghard Krause: Auszug aus dem Schneckenhaus, Aussaat Verlag

I-5

Burghard Krause: Auszug aus dem Schneckenhaus, Aussaat Verlag

Jesus erzählt ein Gleichnis:

Stellt euch vor, einer von euch hat hundert Schafe, und eines davon verläuft sich. Läßt er dann nicht die neunundneunzig allein in der Steppe weiden und sucht das verlorene so lange, bis er es findet? Wenn er es gefunden hat, freut er sich, nimmt es auf die Schultern und trägt es nach Hause. Dort ruft er seine Freunde und Nachbarn und sagt zu ihnen: "Freut euch mit mir, ich habe mein verlorenes Schaf wiedergefunden!"

Lukas 15, 4 - 6

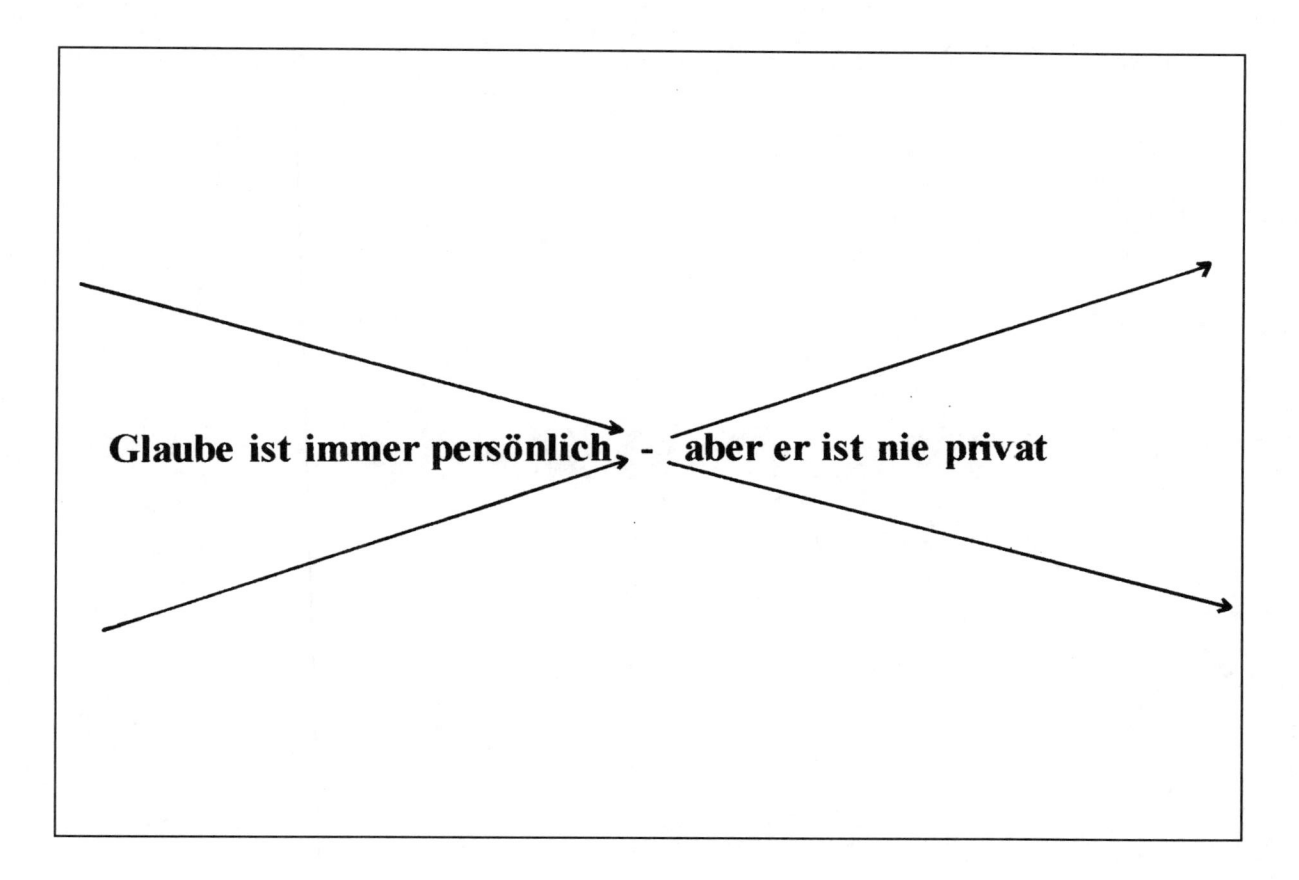

Glaube ist immer persönlich, - aber er ist nie privat

Burghard Krause: Auszug aus dem Schneckenhaus, Aussaat Verlag

Burghard Krause: Auszug aus dem Schneckenhaus, Aussaat Verlag

Burghard Krause: Auszug aus dem Schneckenhaus, Aussaat Verlag

> *Als Jesus das Volk sah,*
> *jammerte es ihn*
> *(wörtlich: es drehte ihm die Gedärme um).*
> *Denn sie waren verschmachtet und zerstreut wie Schafe,*
> *die keinen Hirten haben.*
> *Da sagte er zu seinen Jüngern:*
> *Die Ernte ist groß...*

---

1. Jesus sieht "mit den Augen":
Was nimmt Jesus Ihrer Vermutung nach
rein äußerlich gesehen an den Menschen wahr?

2. Jesus sieht "mit dem Herzen":
Was geht in ihm vor?
Was nimmt ihn so mit?
Was für Gefühle bewegen ihn?

3. Jesus sieht "in die Tiefe":
Was besagt das Bild von den "Schafen ohne Hirten"?
Was bedeutet es für Schafe, wenn sie keinen Hirten haben?

4. Jesus sieht "in die Weite":
Er sieht die bedrückende Gegenwart der Menschen -
und sieht zugleich hinein in Gottes Zukunft für sie:
Er sieht ein wogendes, reifes Ährenfeld!
Welche Hoffnung steckt in dem Bild "Die Ernte ist groß"?

5. Wie lerne ich, Menschen mit Gottes Augen zu sehen?
Was müßte sich in mir verändern, um Menschen so sehen
zu können, wie Jesus sie sieht?

Burghard Krause: Auszug aus dem Schneckenhaus, Aussaat Verlag

Einen Menschen mit Gottes Augen sehen heißt...

* *ihm einen Platz im eigenen Herzen einräumen*

* *nicht richten, sondern teilnehmen am Schmerz Gottes*

* *sich vergegenwärtigen: dieser Mensch bedeutet Gott sehr viel*

* *auch im verstümmelten, entstellten und entfremdeten Leben Spuren von Gottesebenbildlichkeit entdecken*

* *fragen: Was hindert Dich am vollen Leben?*

* *in ihn das hineinsehen, was Gott aus ihm machen möchte*

* *Nähe wagen und Gespräch oder Begleitung anbieten*

* *für ihn glauben und für ihn beten*

"DER ZETTEL"
von Fulbert Steffensky

Es ist früh am Morgen nach einer eisigen Novembernacht. Ich lese in der Zeitung, daß in Europa in den letzten Tagen 50 Obdachlose erfroren sind, davon in Deutschland 7. Im vergangenen Winter waren es 33, die in den kalten Nächten gestorben sind... Was fange ich mit den Zahlen an? Hinter jeder einzelnen steht ein Gesicht, aber ich kann sie mir nicht zu Gesichtern machen. Die Kraft eines einzelnen reicht nicht aus.
Aber dieser Zettel! Ich sehe ihn seit Tagen auf meinem Weg zur Arbeit, und ich gebe ihn wieder, wie er geschrieben ist:

> *Bitte Schön,*
> *wer haben arbeiten zuhause in den garten*
> *und zwei arbeiten,*
> *schreiben bitte adresse telefon*
> *1)*
> *2)*

Da ist der Zettel, in schlechtem Deutsch geschrieben und nicht ganz verständlich; am Ende hoffnungsvoll eine 1) und eine 2), damit jemand seine Adresse angebe.

Der Zettel verstört mich mehr als die Zahlensummen der Zeitung. Wer hat ihn geschrieben? Ein Mann, eine Frau? Woher kommt sie? Wovor ist sie geflohen? Wen liebt sie? Nach wem sehnt sie sich? Die Unbekannte wird zu einem Gesicht. Ihre Nachricht ist nicht allgemein, sie ist für mich. Sie bezieht mich und alle, die den Zettel lesen, in ihr eigenes Drama ein wie in einem modernen Theaterstück, in dem die Zuschauer nicht im Saale sitzen und die Spieler auf der Bühne bleiben.

In einer Legende der Elisabeth von Thüringen lese ich: "Auf ihrem Weg nach Eisenach sah Elisabeth mitten in einem Unwetter auf einem Holzstoß ein Kind sitzen, das in Lumpen gekleidet war und aus dessen Kopf sie zwei Augen anblickten, als ob die Not der ganzen Welt aus ihnen spräche. Sie neigte sich zu dem Kind und fragte: 'Kind, wo ist deine Mutter?' Das wuchs an dieser Stelle ein Kreuz empor, an dem mit ausgespannten Armen Christus hing, der sie mit den Augen des Kindes ansah".

Da ist der Zettel: "Bitte schön, wer haben arbeiten zuhause in den garten". Der Schreiber kann kaum schreiben. Aber das ist nicht die Frage. Die Frage ist: Kann ich lesen? Kann ich auf dem Zettel die Handschrift Christi lesen?

Kann ich die letzte Hoffnung Christi in ihr entziffern, der auf eine Adresse und eine Telefonnummer wartet? So ist der Zettel nicht nur ein Appell an meine Moralität. Er wird zur entscheidenden Glaubensfrage: Vermag ich Christus zu erkennen... im Schreiber des Zettels am Baum...? Kann ich lesen? Spiele ich mit? Bleibe ich im Zuschauerraum? Lasse ich mich auf die Bühne zerren? Werde ich, wenn ich Zuschauer bleibe, weiter das Vater-unser beten können: Wie im Himmel so auf Erden!...? Der Zettel stellt mir die Glaubensprobe...

Ich frage mich, woran der Mensch glaubt, der den Zettel geschrieben hat - der Mann oder die Frau. Es muß noch ein Rest Glauben an die Güte des Lebens in ihm sein, sonst hätte er den Zettel nicht geschrieben und an den Baum gehängt. Noch glaubt er, daß man nicht völlig ins Leere ruft. Noch hat ihn sein Elend nicht so kaputt gemacht, daß die Hoffnung ganz in ihm gestorben wäre.
Ich bin auch für den Glauben dieses Menschen verantwortlich. Ich bin dafür verantwortlich, daß er lernt: das Leben ist gut; man ruft nicht vergebens; eine ausgestreckte Hand wird nicht weggeschlagen. Das Elend zerstört ja nicht nur den Leib, es frißt auch die Seele. Es zerfrißt die Hoffnung, das Vertrauen und die Moral. Welche Lektion wird der Schreiber des Zettels lernen, wenn er kommt und keine Telefonnummer findet? Daß das Leben ein Dschungel ist? Daß man selber fressen muß, um nicht gefressen zu werden? Daß man sich Güte im eigenen Leben nicht erlauben kann und daß kein Himmel auf die Erde scheint?

Warum erschrecke ich vor dem Zettel? Vielleicht nimmt mich an diesem Tag niemand so ernst wie er. Er traut mir Güte und Wärme zu. Er traut mir zu, daß ich eine Nachricht vom Leben habe. Er glaubt an meine Barmherzigkeit und an meine Gerechtigkeit. Er lockt mich weg von den falschen Wichtigkeiten. Falls ich ihn nicht übersehe, macht er mir das Leben einsichtig. Den Sinn des Lebens lernt man nicht in Sätzen über den Sinn des Lebens. Man lernt ihn, wenn einen das Leben wärmt. Man lernt ihn, indem man das Leben wärmt.

Das also macht das Leben lesbar, daß ich den Zettel mit dem Ernst der Elisabeth lese: die Augen Christi in den Augen des Kindes - die Handschrift Christi in den Buchstaben auf dem Zettel.

Impulse zur Beschäftigung
mit dem Text "DER ZETTEL":

Lesen Sie sich den Text in Ruhe durch.
Unterstreichen Sie alle Worte und Sätze, die Sie berührt haben.

Stellen Sie sich vor, Sie hätten den Zettel am Baum gefunden.
Was würde es für Sie bedeuten, diesen unbekannten Menschen
mit den Augen Gottes zu sehen?
Wie würden Sie sich verhalten?

Wenn ich mir die gegenwärtige Weltlage ansehe...

Was macht mir angst?	**Was läßt mich hoffen?**

Burghard Krause: Auszug aus dem Schneckenhaus, Aussaat Verlag

Über Karl Barth wird berichtet: Eduard Thurneysen, der alte Freund, hatte mit ihm am Abend vor seinem Tode telefoniert. Barth war wohlgelaunt. Man sprach über die Weltlage. Er meinte: "Ja, die Welt ist dunkel." Aber dann fügte er hinzu: "Nur ja die Ohren nicht hängen lassen! Nie! Denn es wird regiert, nicht nur in Moskau oder in Washington oder in Peking, sondern es wird regiert, und zwar hier auf Erden, aber ganz von oben, vom Himmel her! Gott sitzt im Regimente! Darum fürchte ich mich nicht. Bleiben wir doch zuversichtlich auch in den dunkelsten Augenblicken! Lassen wir die Hoffnung nicht sinken, die Hoffnung für alle Menschen, für die ganze Völkerwelt! Gott läßt uns nicht fallen, keinen einzigen von uns und uns alle miteinander nicht!"

Frage zum Gespräch:

Welche Einwände steigen in mir auf, wenn ich das höre?

I-16

Burghard Krause: Auszug aus dem Schneckenhaus, Aussaat Verlag

Burghard Krause: Auszug aus dem Schneckenhaus, Aussaat Verlag

> Christen können für die Verwirklichung des Reiches Gottes nur beten. Alles andere muß Gott tun.

> Das Reich Gottes hat mit Jesus bereits begonnen. Es ist schon da - und steht zugleich noch aus.

> Wo Menschen ihr Leben unter die Herrschaft Gottes stellen, da beginnt das Reich Gottes.

> Das Reich Gottes entsteht durch das Ringen der Menschen um Gerechtigkeit und Frieden.

Burghard Krause: Auszug aus dem Schneckenhaus, Aussaat Verlag

> Vieles vom Reich Gottes ist verborgen. Aber etwas davon läßt sich bereits sehen.

> Das Reich Gottes verändert nur die Herzen der Menschen, nicht die äußeren Lebensumstände.

Burghard Krause: Auszug aus dem Schneckenhaus, Aussaat Verlag

Wenn das Reich Gottes kommt, hören Not, Schmerz, Leiden und Tod auf.

Reich Gottes und gesellschaftspolitisches Handeln der Menschen haben etwas miteinander zu tun.

Das Reich Gottes ist nur in der anderen Welt, im Himmel zu finden.

Ins Reich Gottes kommen nur die, die sich bewußt für Jesus entschieden haben.

alte Welt   neue Welt

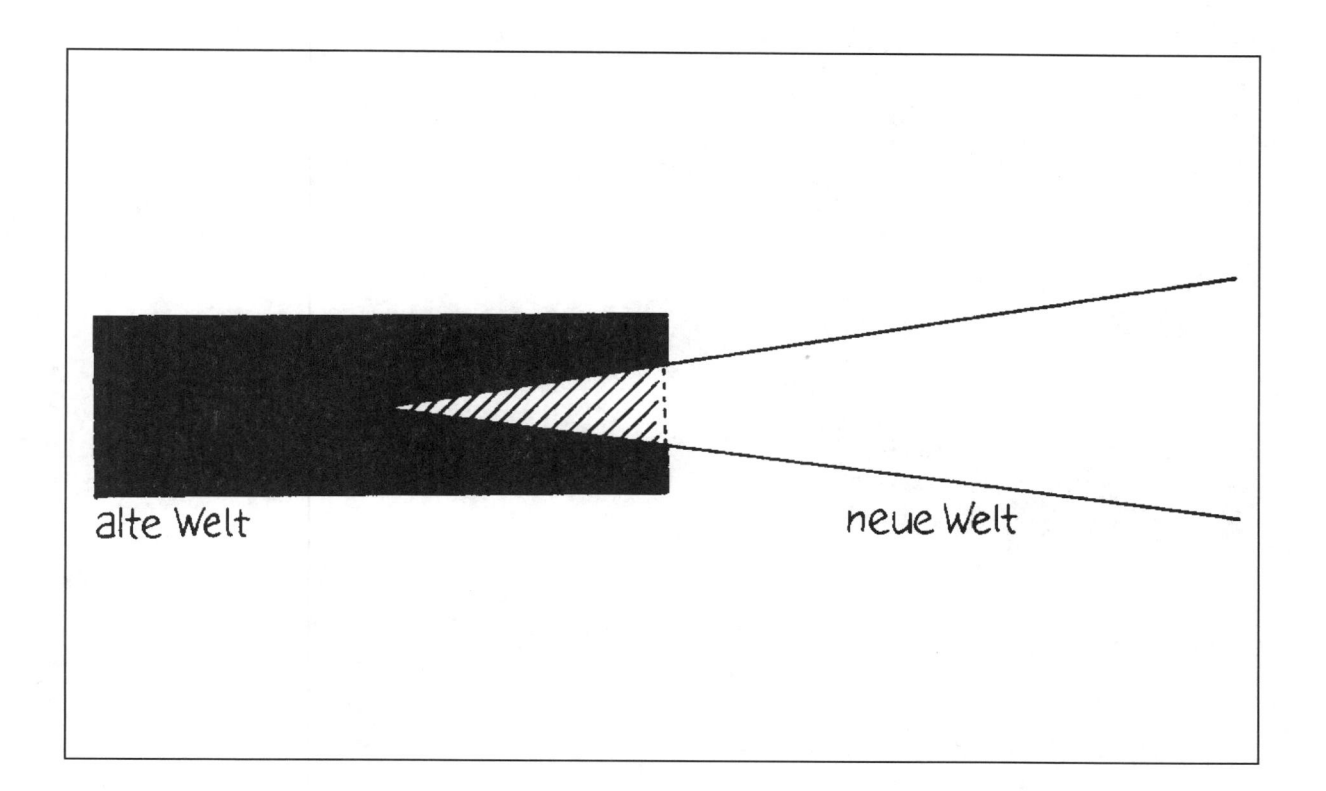

Burghard Krause: Auszug aus dem Schneckenhaus, Aussaat Verlag

GOTT

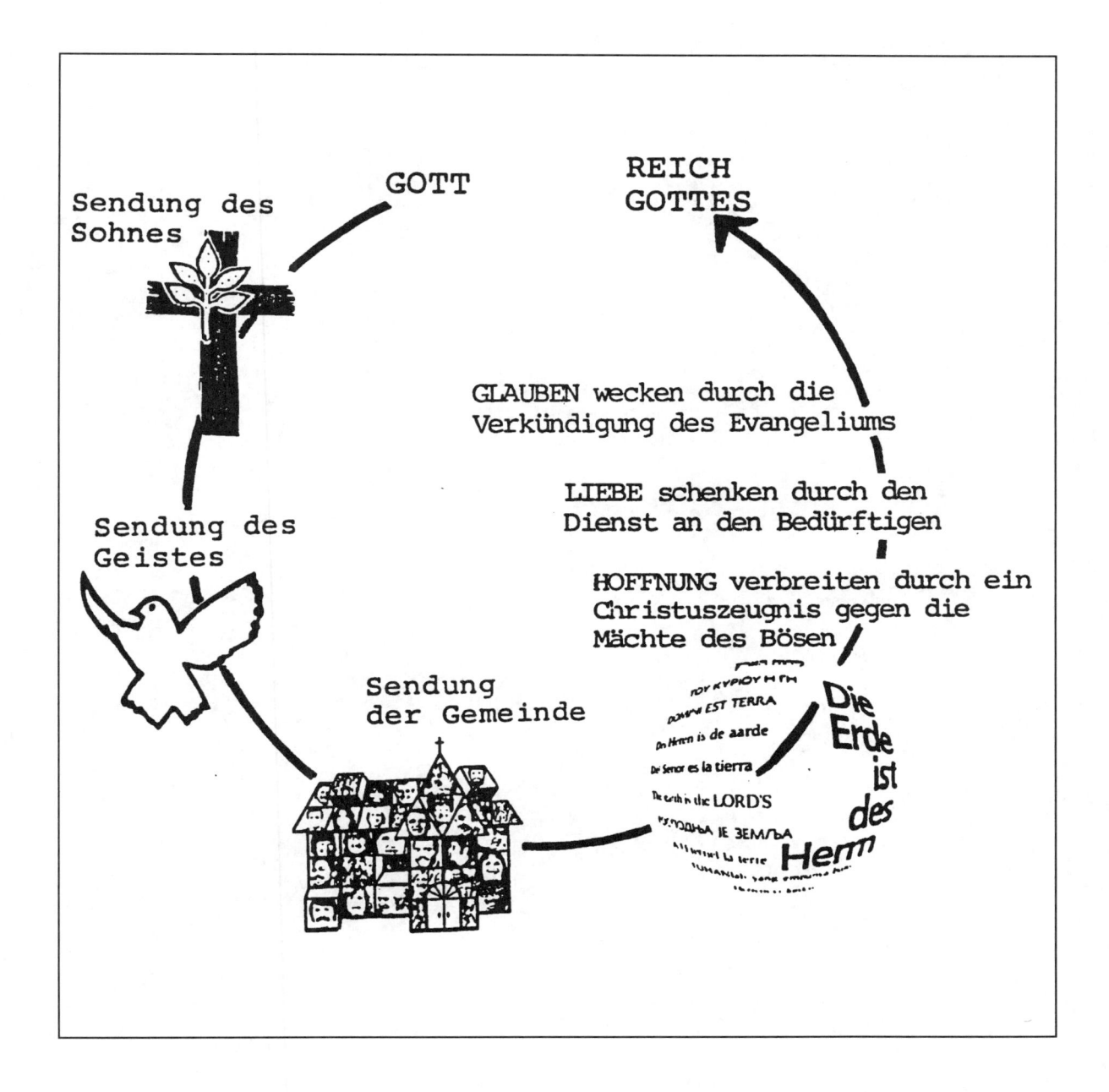

REICH GOTTES

Sendung des Sohnes

Sendung des Geistes

Sendung der Gemeinde

GLAUBEN wecken durch die Verkündigung des Evangeliums

LIEBE schenken durch den Dienst an den Bedürftigen

HOFFNUNG verbreiten durch ein Christuszeugnis gegen die Mächte des Bösen

Die Erde ist des Herrn

Burghard Krause: Auszug aus dem Schneckenhaus, Aussaat Verlag

An einer gefährlichen Küste machten vor Zeiten ein paar Leute eine Seenot-Station für Schiffbrüchige auf. Zu dieser Rettungsstation gehörte nur ein einziges Boot. Damit wagte sich eine kleine, mutige Mannschaft immer wieder, bei Tag und Nacht, auf das Meer hinaus, um Menschen in Seenot zu helfen. Bald war dieser kleine Stützpunkt überall bekannt. Viele der Geretteten und auch andere Leute aus der Umgebung waren gern bereit, die armselige Station mit Geld zu unterstützen. Die Zahl der Gönner wuchs und wuchs. Mit dem Geld, das sie spendeten, wurde die Seenot-Station großzügig ausgebaut, immer schöner und komfortabler. Sie wurde allmählich zu einem beliebten Aufenthaltsort und diente schließlich den Stations-Leuten als eine Art Clubhaus. Immer mehr Mitglieder der alten Mannschaft weigerten sich nun, auszufahren und Menschen in Seenot zu bergen. Sie wollten den Bergungsdienst überhaupt einstellen, weil er unangenehm und dem normalen Clubbetrieb hinderlich sei. Ein paar Mutige, die den Standpunkt vertraten, daß Lebensrettung ihre vorrangige Aufgabe sei, trennten sich von ihnen. Nicht weit davon entfernt begannen sie mit geringen Mitteln eine neue Seenot-Station aufzubauen. Aber auch diese ereilte nach einiger Zeit dasselbe Schicksal: ihr guter Ruf verbreitete sich schnell, es gab neue Gönner, und es entstand ein neues Clubhaus. So kam es schließlich zur Gründung einer dritten Rettungsstation. Doch auch hier wiederholte sich die gleiche Geschichte.... Wer heute diese Küste besucht, findet längs der Uferstraße eine beträchtliche Reihe exklusiver Clubs. Immer noch wird die Küste vielen Schiffbrüchigen zum Verhängnis; nur - die meisten von ihnen ertrinken.

Impulse zur Gruppenarbeit:

* Wo finden Sie Ihre eigene Gemeinde in der Geschichte wieder?

* Woran läßt sich erkennen, ob eine Gemeinde "Clubhaus" oder "Seenot-Station" ist?

* Gibt es im lokalen Umfeld Ihrer Kirchengemeinde einzelne Menschen oder Gruppen, deren Leben in der Gefahr steht, "Schiffbruch" zu erleiden? In welchen "Fluten" drohen sie zu versinken?

* Was hindert Ihre Gemeinde gegenwärtig, sich aus dem "Schneckenhaus" herauszuwagen und zum "Bergungsort für Schiffbrüchige" zu werden?

* Welche Schritte müßte Ihre Gemeinde gehen, um sich vom "Clubhaus" zur "Seenot-Station" zu wandeln? Formulieren Sie ca. 3 - 5 solcher Schritte auf dem Symbol.

Burghard Krause: Auszug aus dem Schneckenhaus, Aussaat Verlag

I-22a

Burghard Krause: Auszug aus dem Schneckenhaus, Aussaat Verlag

I-22b

Burghard Krause: Auszug aus dem Schneckenhaus, Aussaat Verlag

Burghard Krause: Auszug aus dem Schneckenhaus, Aussaat Verlag

Burghard Krause: Auszug aus dem Schneckenhaus, Aussaat Verlag

I-25

Burghard Krause: Auszug aus dem Schneckenhaus, Aussaat Verlag

"Du gibst meinen Schritten weiten Raum..." 2. Samuel 22,37

Burghard Krause: Auszug aus dem Schneckenhaus, Aussaat Verlag

Gottes Brief an Jona

Lieber Jona,

zunächst will ich Dir sagen, daß ich Dich trotz oder vielleicht sogar wegen all der Dinge, die zwischen uns geschehen sind, nach wie vor sehr lieb habe. Ich habe Dich zu meinem Boten erwählt - und daran halte ich fest. Du sollst wissen: Ich brauche Dich für das, was ich mit Ninive vorhabe. Versteh` deshalb bitte diesen Brief nicht als eine Anklage, mit der ich mich von Dir distanzieren will, sondern als einen erneuten engagierten Versuch, Dich für mein Anliegen zu gewinnen.

Laß Dir zunächst noch einmal mein Problem beschreiben: Ninive liegt mir sehr am Herzen. Da leben Menschen, die ich geschaffen und gewollt habe, und die mir genauso viel bedeuten wie Du. Ich bin leidenschaftlich an dieser Stadt interessiert. Ich will, daß Ninive lebt. Es wäre ein großer Schmerz für mich, wenn es sich selbst zugrunde richtet und mir das Vertrauen aufkündigt. Auch meine Gerichtsdrohung, die Du Ninive überbringen solltest, hatte letztlich nur das Ziel, die Stadt zur Umkehr zu bewegen. Du hast das ja von Anfang an geahnt. Darin zumindest hattest Du recht: Ja, ich bin voller Güte und Erbarmen, ich habe Geduld mit den Menschen, meine Liebe hat keine Grenzen.

I

Aber nun stehe ich unter dem Eindruck, daß mein Problem mit der großen Stadt Ninive leichter zu lösen ist als das mit Dir. Warum bist Du vor meinem Auftrag geflohen, Jona? War es Leidensscheu? Hattest Du Angst, Dich unbeliebt zu machen? Natürlich wird jeder in Mitleidenschaft gezogen, der an meinem Schmerz um meine verlorenen Söhne und Töchter teilnimmt. Das kann ich meinen Boten nicht ersparen. Oder war es Trägheit? Hattest Du einfach keine Lust, Dich mit dem abzugeben, was mir wichtig ist? Hast Tarsis vorgezogen, die Stadt der Ruhe, des Erfolgs und der Sicherheit? Tarsis wird Dich nie befriedigen, Jona. Ninive bleibt Dein Auftrag. Du bist und bleibst berufen, an meiner Leidenschaft für Ninive teilzunehmen. Du wirst Dein Leben nur finden, wenn Du es an mich verlierst. Und ich gestehe Dir: es tut mir weh, zu sehen, daß Du das satte, ruhige Leben offenbar mehr liebst als mich, zu dem Du Dich offiziell bekennst. Oder hattest Du einfach das Gefühl, überfordert zu sein als Einzelkämpfer Deines Gottes gegen eine ganze Stadt? Hast gedacht, daß Du ohnehin keinen Erfolg haben könntest mit Deiner Botschaft? Aber warum zerbrichst Du Dir meinen Kopf? Die Verantwortung für das Gelingen oder Scheitern Deines Auftrags liegt bei mir, dem Auftraggeber, nicht bei Dir! Du mußt unterscheiden lernen, Jona, zwischen meiner Sache und Deiner. Es war mein Risiko, Dich nach Ninive zu schicken, nicht Deins! Du warst nur gebeten worden, mir zu vertrauen und zu gehorchen. Mehr nicht. Noch einmal, Jona: warum bist Du geflohen? Ich würde gerne Deine Motive besser verstehen lernen.

II

Ja, und dann die Geschichte auf dem Schiff! Warum ich den Sturm kommen ließ, fragst Du? Nun, du mußt wissen: wer mein Wort für Wind hält, erfährt den Sturm in seinem Leben. Aber als er kam, hast Du Dich schlafen gelegt. Wie konntest Du nur den Sturm verpennen, Jona? Hast Du nicht begriffen, daß Deine Flucht auch andere in tödliche Gefahr bringen kann? Manche Stürme, die das Boot dieser Welt in Gefahr bringen, wären vermeidbar, wenn meine Boten nicht schlafen sondern rechtzeitig den Mund aufmachen würden! Wer schweigt, fördert, was im Gange ist. Hast Du das gewußt, Jona, daß auch Dein verschlafenes Schweigen eine Wirkungsgeschichte hat? Daß der, der sich meinem Auftrag entzieht, an anderen schuldig wird?

Vielleicht fragst Du, warum ich Dich habe über Bord gehen lassen. Nun - ertrunken bist Du ja nicht. Den großen Fisch hatte ich schon vorher bestellt. Aber ich wollte Dich wenigstens ahnen lassen, daß Dein Leben in Langeweile und Sinnlosigkeit ertrinkt, wenn Du nur Deine private Ruhe suchst und Dich nicht in die Unruhe hineinziehen läßt, die mich im Blick auf die Not meiner Welt umtreibt. Hast Du diese naß-kalte Lektion verstanden? Das würde mich wirklich interessieren. Schreib mir doch Deine Meinung dazu.

Und noch etwas interessiert mich: was ist da eigentlich im Fisch-Bauch passiert? Der Fisch hat Dich mit dem Kopf zuerst verschluckt - und mit dem Kopf zuerst nach drei Tagen wieder ausgespuckt. Du mußt Dich im Bauch des Fisches also umgedreht haben. Aber war das eine wirkliche "Umkehr" zu mir und meiner Sehnsucht nach den Menschen in Ninive? Dein Gebet habe ich wohl gehört und mich darüber gefreut. So leidenschaftlich hast Du schon lange nicht mehr gebetet. Aber war das mehr als ein Hilfeschrei in Not? War es schon ein Einstimmen in meinen Schrei nach den Menschen, die ihre Ohren für mein Wort verschlossen haben? Jona, solche Fisch-Bauch-Zeiten, wo man wie in einer dunklen Höhle festsitzt und nicht aus noch ein weiß - das sind Zeiten der Besinnung auf meinen Auftrag. Im Bauch des Fisches wollte ich Dich vorbereiten auf Deine zweite Berufung. Laß mich doch wissen, wie es Dir im Fisch-Bauch ergangen ist!

III

Lieber Jona, bei meiner zweiten Einladung an Dich, mein Bote zu sein, hat es dann ja endlich geklappt. Du bist tatsächlich nach Ninive gegangen, hast Dein Sprüchlein gesagt: kurz und gut - vielleicht ein bißchen trocken und lieblos. Und hast trotzdem erlebt, daß mein Wort nicht leer zurückkommt. Ninive ist umgekehrt. Die ganze Stadt hat angefangen, nach mir zu fragen. Hast Du Dich nicht gewundert, daß Dein kleiner, wortkarger (und noch nicht mal besonders leidenschaftlicher) Einsatz eine so unglaublich große Wirkung hatte? Vielleicht hast Du vorher gedacht: Kampf um Ninive - verlorene Liebesmüh! Da ist jede Bemühung zum Scheitern verurteilt. Alles umsonst! Aber laß Dir sagen, Jona: da, wo mein Wort laut wird, gibt es kein "Umsonst". Hat die Umkehr von Ninive eigentlich Deinen Glauben an die Kraft meines Wortes verstärkt? Oder leben immer noch Zweifel in Dir, ob mein Wort bewirkt, was ich will? Laß mich erfahren, was Du dazu denkst. Und sei ganz ehrlich in Deiner Antwort.

IV

Ach, und dann die Rizinus-Geschichte. Verzeih mir, Jona, aber ich muß ein wenig schmunzeln, wenn ich daran denke. Da hast Du Dir am Rande der Stadt eine Blätterbude gebaut, wolltest aus sicherer Entfernung zuschauen, was mit Ninive geschieht. Ein phantastischer Aussichtspunkt am Rand des Weltuntergangs! Das hätte Dir gefallen, Zuschauer der großen Katastrophe zu sein und anschließend zu resümieren: "Hab ich`s nicht gleich gesagt, daß Gottlosigkeit ins Verderben führt?!"

Jona, mein Bote, offenbar hast Du immer noch nicht verstanden, daß ich keine Zuschauer brauche, die auf Ninive`s Tod warten, sondern Menschen, die meine Leidenschaft für Ninives Leben teilen!

Wie sauer du warst, als der Untergang Ninives ausblieb! Hast mir Vorwürfe gemacht wegen meiner Inkonsequenz. Ist mein Mitleid mit Ninive wirklich Grund zum Ärger? Warum konntest Du Dich nicht mit mir über Ninives Rettung freuen? Weißt Du, Jona, meine Sorge ist nicht, daß ich mir selbst treu bleibe. Meine Sorge ist, daß ich meinen Menschen treu bleibe, die ich unendlich liebe. Auch meine harten Worte gegen sie wollen sich nicht selbst behaupten - sie wollen die Menschen retten. Wann wirst Du das endlich verstehen? Mißmutig und verdrossen wolltest Du ausscheiden aus meinem Dienst - gerade zu dem Zeitpunkt, als ich mit Ninive zu meinem Ziel kam. Vielleicht kannst Du meine Freude an Ninives Umkehr nicht teilen, weil Du meinen großen Kummer über Ninives Elend noch nicht wirklich geteilt hast!

Der Rizininus - ich geb`s ehrlich zu - war eigentlich so eine Art Test. Ich wollte rauskriegen, was sich in der Tiefe Deiner Seele wirklich abspielt. Als der Rizinus Dir in der Sonnenglut Schatten spendete, waren Dein Ärger, Mißmut und Trotz plötzlich verflogen. Ein bißchen Schatten für Deinen Kopf, ein kleines, unerwartetes privates Glück hat Deine Stimmung verwandelt. Plötzlich konntest Du Dich freuen - weil es Dir persönlich wieder gut ging. Ninive war fast vergessen. Sei mir nicht böse, Jona, aber könnte es sein, daß Dir Deine ganz privaten Interessen, Dein eigenes Wohlergehen und Wohlbefinden letztlich viel wichtiger sind, als meine Sorgen um meine geliebte Welt? Daß Du viel mehr mit Dir selbst beschäftigt bist als mit dem, was mich umtreibt? Wo trägst Du meine Last mit? Wo läßt Du Dich in meinen Schmerz hineinziehen? Wo hoffst Du mit für meine Welt? Ich spüre Deinen Herzschlag nicht, Jona.

Mein lieber Jona, mit meinen Fragen will ich Dich nicht nerven, sondern werben, nicht bloßstellen, sondern einladen - dazu einladen, meinen Jammer um Ninive und meine Freude an Ninives Umkehr zu teilen. Mit Ninive komme ich zum Ziel, aber ich weiß noch nicht genau, ob auch mit Dir! Du mußt mir nicht auf alle meine Fragen antworten. Aber wenn Dich einige meiner Fragen persönlich erreicht haben, dann würde ich mich über eine Reaktion freuen. Wir bleiben im Gespräch. Und auf dieses Gespräch freue ich mich.

In Liebe
Dein Gott
und Auftraggeber

»Ich begrüße Sie zu unserer Tagung ›Haben Christen Grund zur Freude‹ und bin gespannt auf unsere Ergebnisse.«

„Ich darf Ihnen nun den Referenten vorstellen. Er spricht zum Thema: ‚Ohne Angst leben.'"

Burghard Krause: Auszug aus dem Schneckenhaus, Aussaat Verlag

"Nein, gnädige Frau, ich bin kein Geistlicher! Ich bin nur seit einigen Tagen krank!"

Burghard Krause: Auszug aus dem Schneckenhaus, Aussaat Verlag

II-4

Bitte Zutreffendes ankreuzen	*Was mich froh macht, wenn ich an Gott denke...*	*Frage 1: Wo spiegelt mein Lebensstil etwas von dieser Freude am Glauben wider?*	*Frage 2: Wo fällt es mir schwer, meinen Glauben durch einen veränderten Lebensstil zum Ausdruck zu bringen?*
	1. Er sorgt für mich wie ein guter Vater.		
	2. Er würdigt mich, sein Sohn/seine Tochter zu sein.		
	3. Er vergibt mir und befreit mich zum Vergeben.		
	4. Er verleiht meinem Leben Sinn und Wert.		
	5. Er weckt in mir Lebensfreude und Zuversicht.		
	6. Er erfüllt mich mit Hoffnung für die Welt.		
	7. Er befreit mich zu Solidarität und Nächstenliebe.		
	8. Er führt mich aus der Vereinzelung zur Gemeinschaft.		
	9. Er überwindet meine Angst vor dem Tod.		
	10. Er beruft mich zum Zeugen für sein kommendes Reich.		
	11. Er ermächtigt mich zum Widerstand gegen das Böse.		
	12. Er befreit mich aus Bindungen und Abhängigkeiten.		
	13.		
	14.		
	15.		

Burghard Krause: Auszug aus dem Schneckenhaus, Aussaat Verlag

II-5

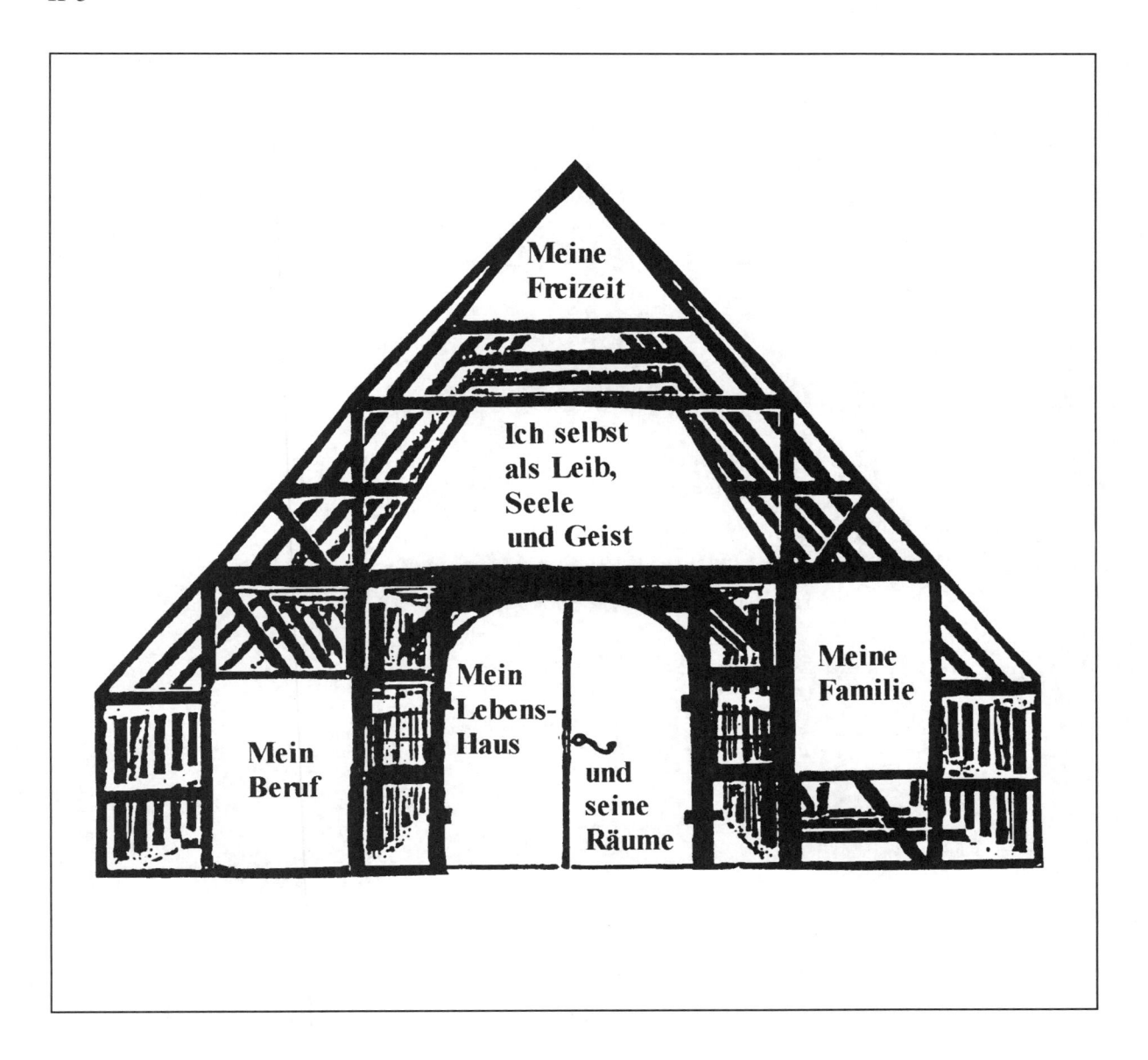

Meine Freizeit

Ich selbst als Leib, Seele und Geist

Mein Beruf

Mein Lebens-Haus und seine Räume

Meine Familie

Burghard Krause: Auszug aus dem Schneckenhaus, Aussaat Verlag

Feste Wände

Welche
nicht veränderbaren Lebensumstände
bestimmen meinen Lebensstil zur Zeit?

Ererbte Stil-Möbel

Welche Lebens-Stil-Möbel habe ich aus meinem Elternhaus übernommen? Von welchen habe ich mich bewußt getrennt?

Bewegliches Mobiliar

Was möchte ich gern
an meinem Lebensstil verändern?
Wo sehe ich dafür zur Zeit Spielräume?

Welcher "Stall-Geruch" verhindert
einen Wandel meines Lebensstils:
* Angst vor Veränderung?
* Anpassung an die Umwelt?
* Eigene Trägheit?

Burghard Krause: Auszug aus dem Schneckenhaus, Aussaat Verlag

Jesus kam nach Jericho und zog durch die Stadt. Dort lebte ein Mann namens Zachäus. Er war der oberste Zolleinnehmer und war sehr reich. Er wollte unbedingt sehen, wer dieser Jesus sei. Aber er war klein, und die Menschenmenge versperrte ihm die Sicht. So lief er voraus und kletterte auf einen Maulbeerfeigenbaum, um Jesus sehen zu können, wenn er vorbeizog. Als Jesus an die Stelle kam, schaute er hinauf und redete ihn an: "Zachäus, komm schnell herunter, ich muß heute dein Gast sein!" Zachäus stieg sofort vom Baum und nahm Jesus mit großer Feude bei sich auf.

Alle waren entrüstet, daß Jesus bei einem so schlechten Menschen einkehrte. Aber Zachäus wandte sich an den Herrn und sagte zu ihm: "Herr, ich verspreche dir, ich werde die Hälfte meines Besitzes den Armen geben. Und wenn ich jemand betrogen habe, will ich ihm das Vierfache zurückgeben".

Lukas 19, 1 - 8

Du wirst angenommen, wenn Du Dich änderst!

Lebensstil als Kletter-Leiter um Gottes Güte zu erwerben

Lebensstil: **Lobpreis der Güte Gottes**

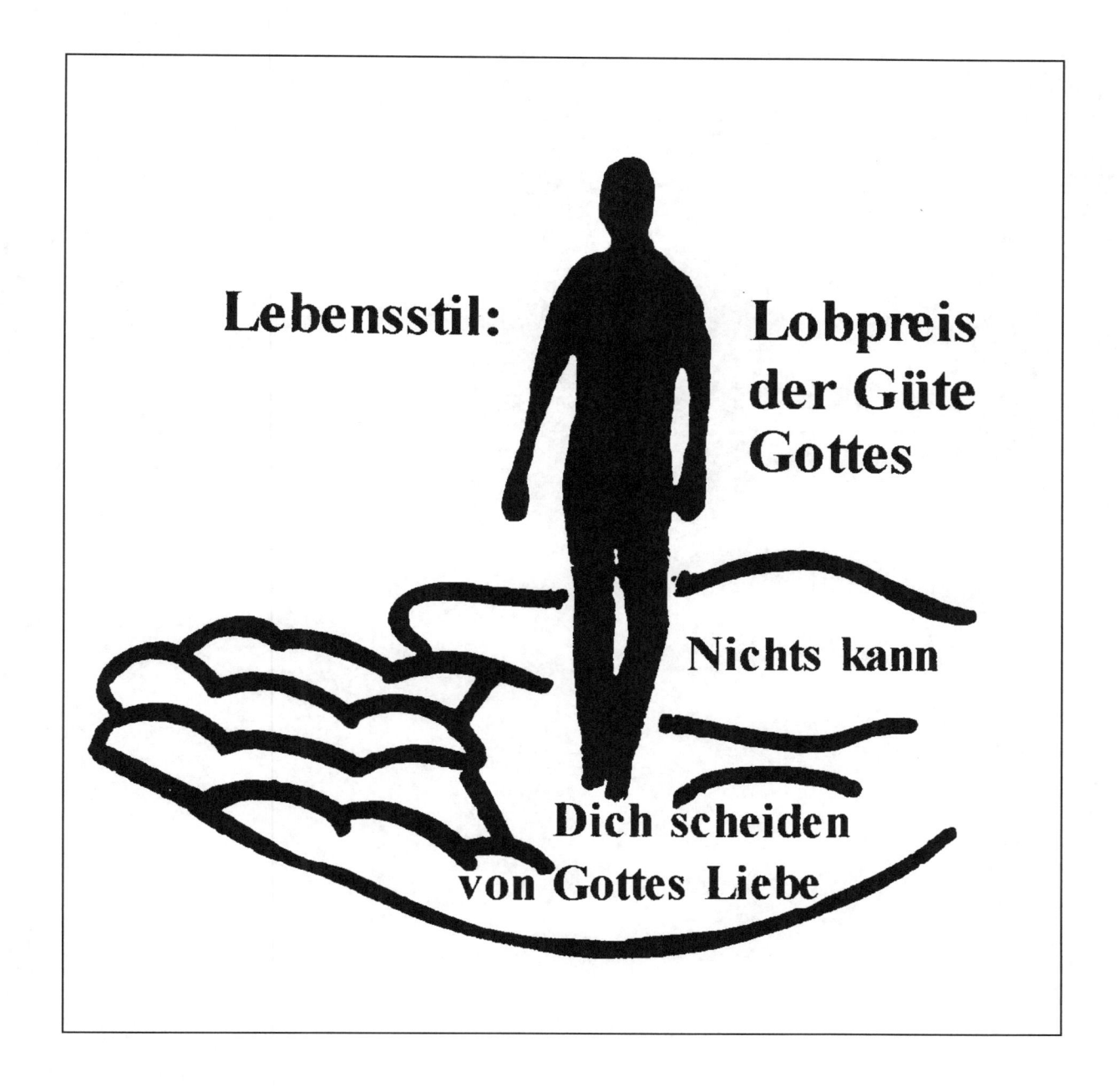

Nichts kann Dich scheiden von Gottes Liebe

Burghard Krause: Auszug aus dem Schneckenhaus, Aussaat Verlag

Martin Luther:

"Mir ist es bisher wegen angeborener Bosheit und Schwachheit unmöglich gewesen, den Forderungen Gottes zu genügen. Wenn ich nicht glauben darf, daß Gott mir um Christi willen dies täglich beweinte Zurückbleiben vergebe, so ist's aus mit mir. Ich muß verzweifeln. Aber das laß ich bleiben. Wie Judas an den Baum hängen, das tu ich nicht. Ich hänge mich an den Hals oder Fuß Christi wie die Sünderin. Ob ich auch schlechter bin als diese, ich halte meinen Herrn fest. Dann spricht er zum Vater: Dieses Anhängsel muß auch durch. Es hat zwar nichts gehalten und alle deine Gebote übertreten, Vater, aber er hängt sich an mich. Was will's! Ich starb auch für ihn. Laß ihn durchschlupfen. Das soll mein Glaube sein."

Anregungen zum Umgang mit dem Luther-Wort:

Können Sie diese Sätze mitsprechen?
Können Sie glauben, daß das auch für Ihr Leben gilt?

Wenn ja:
Danken Sie Gott dafür, daß er Sie bedingungslos annimmt.
Wo macht Ihnen dieser Dank Lust, Gott für seine
voraussetzungslose Liebe mit Ihrem Leben zu preisen?
Formulieren Sie - wenn Sie können - Konkretionen.

Wenn nein:
Was in Ihrem Leben verdunkelt Ihnen im Moment die Gewißheit,
daß Sie "nichts mehr von Gottes Liebe scheiden" kann?
Sie können Gott dafür um Vergebung bitten.
Sie dürfen glauben, daß er Ihr Gebet erhört.

Wenn Ihnen das Alleinsein schwer fällt:
Nutzen Sie die angebotene Gesprächs-Möglichkeit.

II-14

Burghard Krause: Auszug aus dem Schneckenhaus, Aussaat Verlag

Burghard Krause: Auszug aus dem Schneckenhaus, Aussaat Verlag

Heiliger Geist →

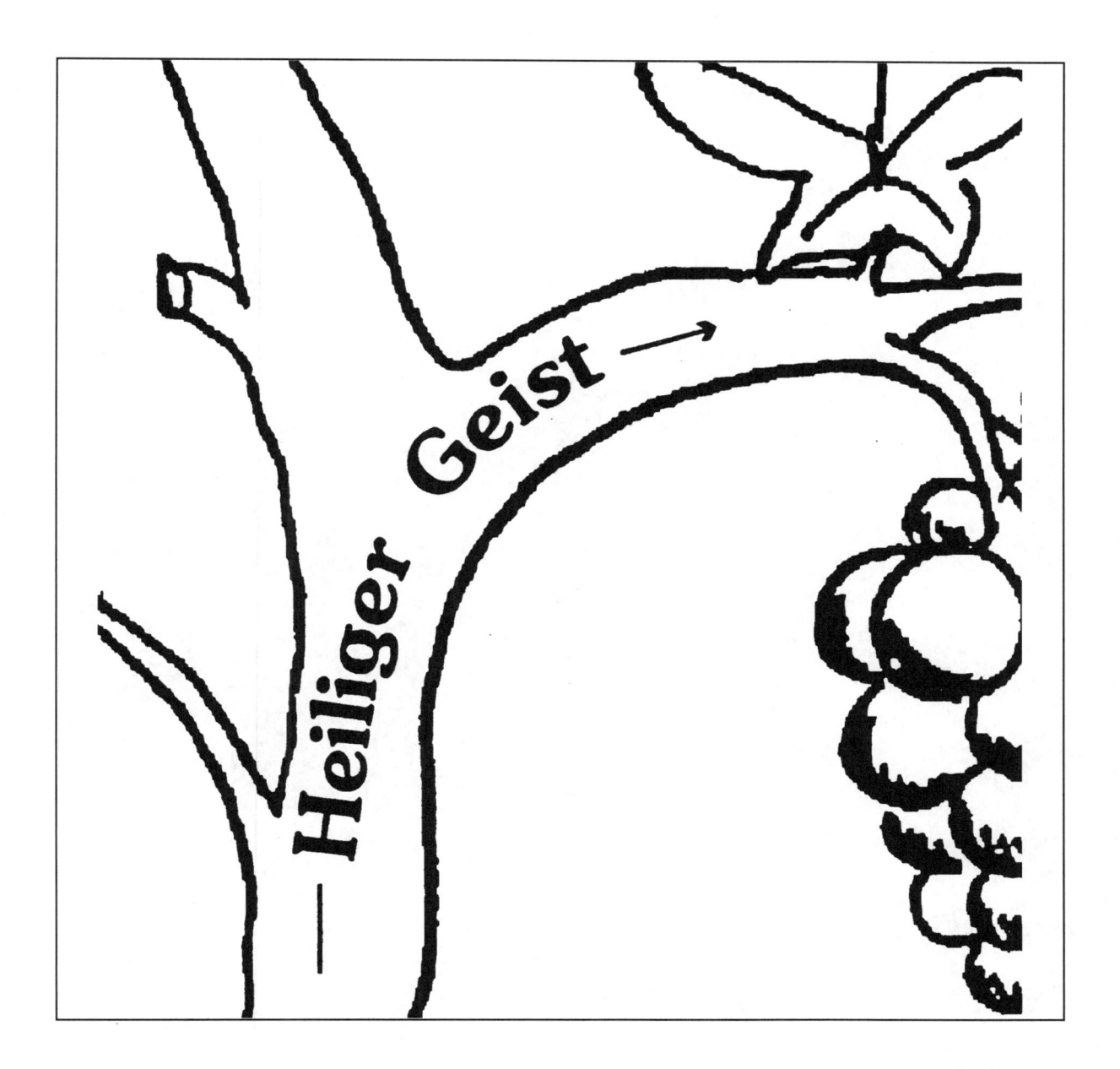

Grape with fruits of the spirit:
- Freundlichkeit
- Nachsicht
- Güte
- Selbstbeherrschung
- Frieden
- Liebe
- Freude
- Geduld
- Treue

Anregungen für das Gruppengespräch:

* Welche Wirkungen der schöpferischen Kraft Gottes sind in meinem Leben schon ansatzweise sichtbar?

* Nach welchen "Früchten des Geistes Gottes" sehne ich mich besonders?

* Was würde sich voraussichtlich in meinem Lebensstil ändern, wenn diese Früchte wachsen würden?

* Was bedeutet Jesu Einladung "Bleibt in mir und ich in euch"(Joh. 15,4) für meinen Alltag?

Burghard Krause: Auszug aus dem Schneckenhaus, Aussaat Verlag

KREATIVE SPANNUNGEN

Empfangen – Hingeben

Jesus sucht die Stille vor Gott und ist den Menschen ganz zugewandt

Genießen – Erleiden

Jesus öffnet sich der Schönheit des Lebens und läßt die Not an sich heran

Frei sein – Sich binden

Jesus ist unabhängig von menschlichen Normen und ganz an Gottes Willen gebunden

Festhalten – Loslassen

Jesus hält an dem Bild fest, das Gott von ihm hat, und weist Bilder zurück, die man sich von ihm macht

Burghard Krause: Auszug aus dem Schneckenhaus, Aussaat Verlag

> *"Am Abend aber dieses ersten Tages der Woche, als die Jünger versammelt und die Türen verschlossen waren aus Angst vor den Juden, kam Jesus und trat mitten unter sie und spricht zu ihnen: Friede sei mit euch! Und als er das gesagt hatte, zeigte er ihnen die Hände und seine Seite. Da wurden die Jünger froh, daß sie den Herrn sahen. Da sprach Jesus abermals zu ihnen: Friede sei mit euch! So wie mich der Vater gesandt hat, so sende ich euch!"*
>
> Johannes 20, 19 - 21

Stationen eines
Gottesdienstes zum Thema:

Aufstand gegen den Tod - Zeichenhaft leben im Licht von Ostern

1
Im Bannkreis des Todes

2
Begegnung mit dem Auferstandenen

3
Zeichenhaft leben im Licht von Ostern

Anregungen für die Vorbereitungs-Gruppen des Gottesdienstes zu Joh. 20, 19 - 21

Für Gruppe 1
Im Bannkreis des Todes

Leitgedanke: *Aus Furcht vor den Juden und ihrer (an Jesus dokumentierten) tödlichen Macht schließen sich die Jünger ein, werden zur "geschlossenen Gesellschaft". Auch unser Leben verschließt und verengt sich, wo uns der Tod in seinen Vorboten und Spielarten die Luft zum Atmen nimmt.*

Die Summe unserer Selbst- und Welterfahrung heißt: **Der Tod hat einen unaufholbaren Vorsprung vor dem Leben**. Alles steht unter dem Zeichen der Vergänglichkeit. Unser Leben gleicht einer Kugel, die unaufhaltsam auf einer schiefen Ebene nach unten rollt. Der Tod frißt uns das Leben weg. Er bestimmt unser Zeitgefühl: Dieser Tag ist der erste vom Rest deines Lebens. Die Frage heißt nicht: Wie lange lebst du schon? Sie heißt: Wie lange stirbst du schon? Leben heißt: dem Tod seine Beute abringen - ein hoffnungsloser Kampf von "Widerstand und Ergebung": Verdrängung des Todes, Leugnung seiner ständigen Gegenwart, Auflehnung gegen ihn, Angst vor ihm. Der Tod macht das Leben eng. Er beherrscht mit seinen Vorboten schon jetzt das Feld, hinterläßt seine Spuren in unserem Lebensstil.

"Todes-Spuren" in unseren Lebensstil:

* Todesfurcht bedroht die Lebensfreude (Depressivität)
* Lebensstimmung: keine Zeit zu haben (Hektik)
* Angst, zu kurz zu kommen (Raffgier)
* Übertriebenes Sicherungsbedürfnis (Gesundheitswahn)
* Schwindende Hoffnung (Zukunftsängste, Resignation)
* Tod der Gefühle und Beziehungen (Apathie, Einsamkeit, Verstummen)
* Ergebung: Todessehnsucht (Selbstmord)

Gestaltungsideen für den Gottesdienst:

Begrüßung
Lieder
Eingangsgebet
Kyrie-Teil zum Stichwort:
"Todesspuren in unserem Lebensstil"
Hingabe-Gebet:
"Gott den eigenen Tod anvertrauen"

Burghard Krause: Auszug aus dem Schneckenhaus, Aussaat Verlag

*Jesus,
Auferstandener,
Du hast den Tod hinter Dir.
Ich habe ihn vor mir.
Daß ich sterben muß,
macht mir angst.
Nimm Du meine fliehende Zeit in Deine Hand.*

*Jesus,
Auferstandener,
Dir übergebe ich meine Furcht,
zu kurz zu kommen:
überwinde sie durch das,
was Du mir schenkst.
Dir übergebe ich meine Rastlosigkeit und Hektik:
laß mich bei Dir zur Ruhe kommen.
Dir übergebe ich das Fragment,
das mein Leben bleiben wird:
ergänze Du barmherzig alles Versäumte.*

*Jesus,
Auferstandener,
Dir übergebe ich meinen Tod:
verwandle Du ihn in ewiges Leben.
Laß Dein Osterlicht
in meinem sterblichen Leben aufleuchten:
jeden Tag,
in meiner letzten Stunde
und in Ewigkeit.
Amen*

Burghard Krause: Auszug aus dem Schneckenhaus, Aussaat Verlag

Anregungen für die Vorbereitungs-Gruppen des Gottesdienstes zu Joh. 20, 19 -21

**Für Gruppe 2
Begegnung mit dem Auferstandenen**

Leitgedanke: Der Auferstandene überrascht die Jünger mit seiner Gegenwart. Er zeigt ihnen: Nicht der Tod hat einen unaufholbaren Vorsprung vor dem Leben, sondern umgekehrt: das Leben hat seit Ostern einen unaufholbaren Vorsprung vor dem Tod. Die Jünger werden froh. Ihr Glaube wird vergewissert.

Gestaltungsideen für den Gottesdienst:

Osterlieder singen
Gloria-Teil: "Lobpreis des Lebens"

Vergewisserung des Glaubens
und der Gegenwart Christi im Abendmahl
Friedensgruß

Stille und Gebet
in der Gegenwart des Auferstandenen

Burghard Krause: Auszug aus dem Schneckenhaus, Aussaat Verlag

Anregungen für die Vorbereitungsgruppen des Gottesdienstes zu Joh. 20, 19 - 21

Für Gruppe 3
Zeichenhaft leben im Licht von Ostern

Leitgedanke: *Jesus ist das Licht in einer vom Todesschatten gezeichneten Welt. Gleichwie ihn sein Vater gesandt hat, so sendet er uns: "Ich bin das Licht der Welt / Ihr seid das Licht der Welt". Angesteckt von der Osterfreude dürfen wir in einem "österlichen Lebensstil" etwas widerspiegeln vom Sieg des Lebens über den Tod.*

Leben im Licht von Ostern heißt:

* *den Tod nicht mehr todernst nehmen (im Osterlachen den Tod verspotten)*
* *der Todesfurcht Hausverbot erteilen (Osterlieder singen)*
* *der Lebensfreude Raum geben*
* *das Leben in all seinen Formen preisen und schützen*
* *am Sinn festhalten, wo Sinnlosigkeit droht*
* *tödliche Resignation bei sich selbst und anderen überwinden*
* *Zeichen der Hoffnung auf Gottes Zukunft setzen*
* *Gelassenheit einüben und ganz in der Gegenwart leben*
* *Sich Zeit nehmen für Wesentliches (für sich, Menschen, Gott)*
* *Sabbatruhe und Sonntäglichkeit zurückgewinnen (Fasten / Feiern)*
* *Statt Raffgier und Angst, zu kurz zu kommen: sorgloses Vertrauen*
* *dem Tod der Beziehungen und Gefühle wehren*
* *das Loslassen als Vorbereitung aufs Sterben erproben*

Gestaltungsideen für den Gottesdienst:

Bienenkorbgespräche zum Stichwort
"Ich bin das Licht der Welt / Ihr seid das Licht der Welt":
Wie macht Jesus das Leben hell?
Wie kann ich in meinem Lebensstil davon etwas widerspiegeln?

"Österlicher Lebensstil":
Kurzinput mit Erfahrungen und Anregungen

Zeichenhandlung:
An der Osterkerze steckt jede(r) sein (ihr) kleines Tee-Licht an
und sagt dabei, für wen er (sie) gern Licht sein möchte und wie.

Segnung und Sendung in den Alltag

Burghard Krause: Auszug aus dem Schneckenhaus, Aussaat Verlag

Spielregeln eines österlichen Lebensstils

1. Lebensfreude statt Todesfurcht

Wer zuletzt lacht, lacht am besten. Seit der Auferweckung Jesu Christi hat der Tod nicht mehr gut lachen. Denn Gott hat ihn zu Ostern tödlich blamiert. Der Tod ist zum Spott geworden. Obwohl er sich noch als Sieger aufspielt, hat Gott ihm seinen Anspruch auf unser Leben längst streitig gemacht. Das Hohngelächter des Todes angesichts unserer Sterblichkeit muß uns deshalb nicht mehr schrecken. Wir dürfen es im Osterlachen des Glaubens übertönen. Wir müssen den Tod nicht mehr todernst nehmen. Österlich leben heißt: das eigene Sterben und die Angst vor dem Tod in Gottes gute Hand legen, der Todesfurcht Hausverbot erteilen, den Tod verspotten und das Leben in allen seinen Formen preisen, lebenswertes Leben mitgestalten, der Lebensfreude Raum geben, anderen bei der Überwindung ihrer Todesangst helfen.

2. Selbstbejahung statt Selbstvorwurf

Unser Tod verklagt uns, denn er beendet immer ein schuldiges Leben. Zu Ostern aber hat Gott dem Tod das Recht genommen, uns bei ihm zu verklagen. Denn die Auferweckung des für uns Gekreuzigten ist Gottes Freispruch der Schuldigen. Deshalb müssen wir auch unser schuldbeladenes Leben nicht mehr todernst nehmen. Seitdem Gott uns seine bedingungslose Liebe erwiesen hat, brauchen wir ihm und uns selbst nichts mehr zu beweisen. Österlich leben heißt: in der selbstbewußten, heiteren und gelassenen Gewißheit leben, daß uns nichts mehr von Gottes Liebe scheiden kann; heißt: nicht in Verbissenheit etwas aus sich machen wollen, sondern mit Humor die eigene Unvollkommenheit bejahen; heißt: Selbstannahme statt Selbstvorwurf, aufrechter Gang - nicht krummes Holz. Österlich leben heißt: Barmherzig mit der eigenen Schwachheit umgehen und in dieser Barmherzigkeit auch der Schwachheit anderer begegnen.

3. Hoffnung statt Resignation

Die Auferweckung Jesu befreit zu der begründeten und lebendigen Hoffnung, daß Gott Wege eröffnet, wo wir am Ende sind, daß seine Möglichkeiten nicht aufhören, wo unsere an Grenzen stoßen, daß er eine Zukunft für uns hat, auch wenn wir sie noch nicht sehen. Hoffnung setzt nie auf das, was ist, sondern auf das, was verheißen ist. Das gibt ihr einen langen Atem. Österlich leben heißt: angesichts von Ausweglosigkeiten nicht resignieren, niemanden und nichts zu einem hoffnungslosen Fall erklären, am Sinn des Lebens festhalten, wo Sinnlosigkeit es bedroht, Gottes Zusagen mehr trauen als dem, was vor Augen ist, in bedrückender Gegenwart bei Gott das Kommen seines Reiches einklagen, im Vorgriff auf diese Zukunft Gottes Zeichen der Hoffnung setzen, die Hoffnung der am Leben Verzweifelten stärken, die tödliche Resignation bei anderen überwinden helfen.

4. Gelassenheit statt Hektik

Der Tod frißt an unserer Lebensfrist. Seine Drohung, jede Stunde zu unserer letzten machen zu können, prägt unser Lebensgefühl, nie Zeit zu haben. Wir jagen dem näherkommenden Tod die Termine ab. Das macht uns rastlos, hektisch und oberflächlich, läßt uns nie ganz in der Gegenwart leben. Zu Ostern hat Gott unsere Zeit mit seiner Ewigkeit verbunden. Nun rutscht unsere begrenzte Lebens-Zeit nicht mehr durch das Todes-Sieb der Vergänglichkeit. Sie steht in seinen Händen, ist gehalten, geht nicht verloren, wird neu gefüllt. Österlich leben heißt: gelassen bleiben im Termindruck, sich Zeit nehmen für sich selbst, für andere und für Gott, ganz in der Gegenwart leben, Tiefgang statt Oberflächlichkeit suchen, ein Stück Ewigkeit in die Zeit holen durch Sabbatruhe und Sonntäglichkeit, durch Fasten und Feiern verhindern, daß wir gelebt werden statt zu leben.

5. Sorglosigkeit statt Raffgier

Der uns umzingelnde Tod vermittelt uns das Gefühl, zu kurz zu kommen. Er verwickelt uns in die Sorge, ob wir auch genug kriegen. Das macht uns raffgierig, läßt uns auf das setzen, was wir (noch nicht) haben, statt auf das, was wir (durch Gott schon) sind. So hängen wir unser Herz an die Dinge, lassen Lebensmittel zur Lebensmitte werden, besitzen nicht mehr, sondern werden "besessen". Der Auferstandene aber läßt uns wissen: Bei mir kommt ihr nicht zu kurz. Mein "Reich" macht euch nicht arm. "Ich lebe - und ihr sollt auch leben...und volles Genüge haben". Wer die Ewigkeit vor sich hat, muß von seiner kleinen Lebenszeit nicht alles an Erfüllung erwarten, wonach er sich in seiner Hoffnung auf Leben sehnt. Österlich leben heißt: wie Kinder sorgenfrei leben im Vertrauen, daß unser guter Vater im Himmel weiß, was wir brauchen; heißt: nach dem "Reich" statt nach den "Reichtümern" trachten; bedeutet: mit anderen teilen und das Loslassen als Vorspiel des Sterbens einüben.

6. Beziehungsreichtum statt Isolation

Leben ereignet sich in Beziehungen und wird reich durch Beziehungen. Wo sich der Tod ins Leben einschleicht, erstarren und zerbrechen lebendige Beziehungen. Der Tod macht beziehungslos, führt in Einsamkeit und tödliche Isolation. Zu Ostern hat Gott uns für Zeit und Ewigkeit in eine lebendige Beziehung zu sich gestellt und uns neues Leben zu sich und anderen Menschen eröffnet. Österlich leben heißt: sich am Beziehungsreichtum des Lebens freuen und ihn entfalten, selbstgenügsame Einsamkeit und um sich selbst kreisende Isolation aufgeben, sich dem Beziehungstod der Gefühle (Apathie) und der Kommunikation (Sprachlosigkeit, tödliches Schweigen) kraftvoll widersetzen, die Beziehungsfähigkeit anderer fördern und ihrer Vereinsamung wehren, eine lebensfördernde Beziehung zu Gottes guter Schöpfung aufnehmen.

III-1

Burghard Krause: Auszug aus dem Schneckenhaus, Aussaat Verlag

Ich schäme mich

*Was sage ich einem Menschen
der am Ende ist?
Was sage ich ihm
unter vier Augen in seine Sorgen
am Grab der Liebe in sein Alleinsein
am Krankenbett in seine Schmerzen
im Todeskampf in seine Angst?
Sage ich auch:
Kann man nichts machen
es erwischt jeden einmal
nur nicht den Mut verlieren
nimm`s nicht so schwer
vielleicht ist`s morgen schon besser
sage ich das?
Sage ich nichts als das?
Ich sollte doch kennen
den einen und einzigen Namen
der uns gegeben ist unter dem Himmel.
Ich kenne ihn auch -
und doch schweige ich.
Ich schäme mich.*

Lothar Zenetti

Burghard Krause: Auszug aus dem Schneckenhaus, Aussaat Verlag

* **Privatisierung des Religiösen**	Religion = Privatsache, als öffentliches Thema noch vielfach tabuisiert
* **Eigene Glaubensverunsicherung**	Zunehmende Säkularisierung in Gesellschaft und Kirche
* **Fehlende Glaubenserfahrung**	"Wes des Herz leer ist, des geht der Mund nicht über"
* **Keine Übersetzungs-Hilfen**	Wachsender Graben zwischen Bibel und Alltagssprache
* **Angst vor Leidensdruck**	Wer den Mund hält, macht sich nicht unbeliebt
* **Falsche Demut**	Das können doch andere viel besser!
* **Mangelnde Einübung**	Gemeinden sind oft keine Sprachschulen des Glaubens

Burghard Krause: Auszug aus dem Schneckenhaus, Aussaat Verlag

KOMMUNIKATION

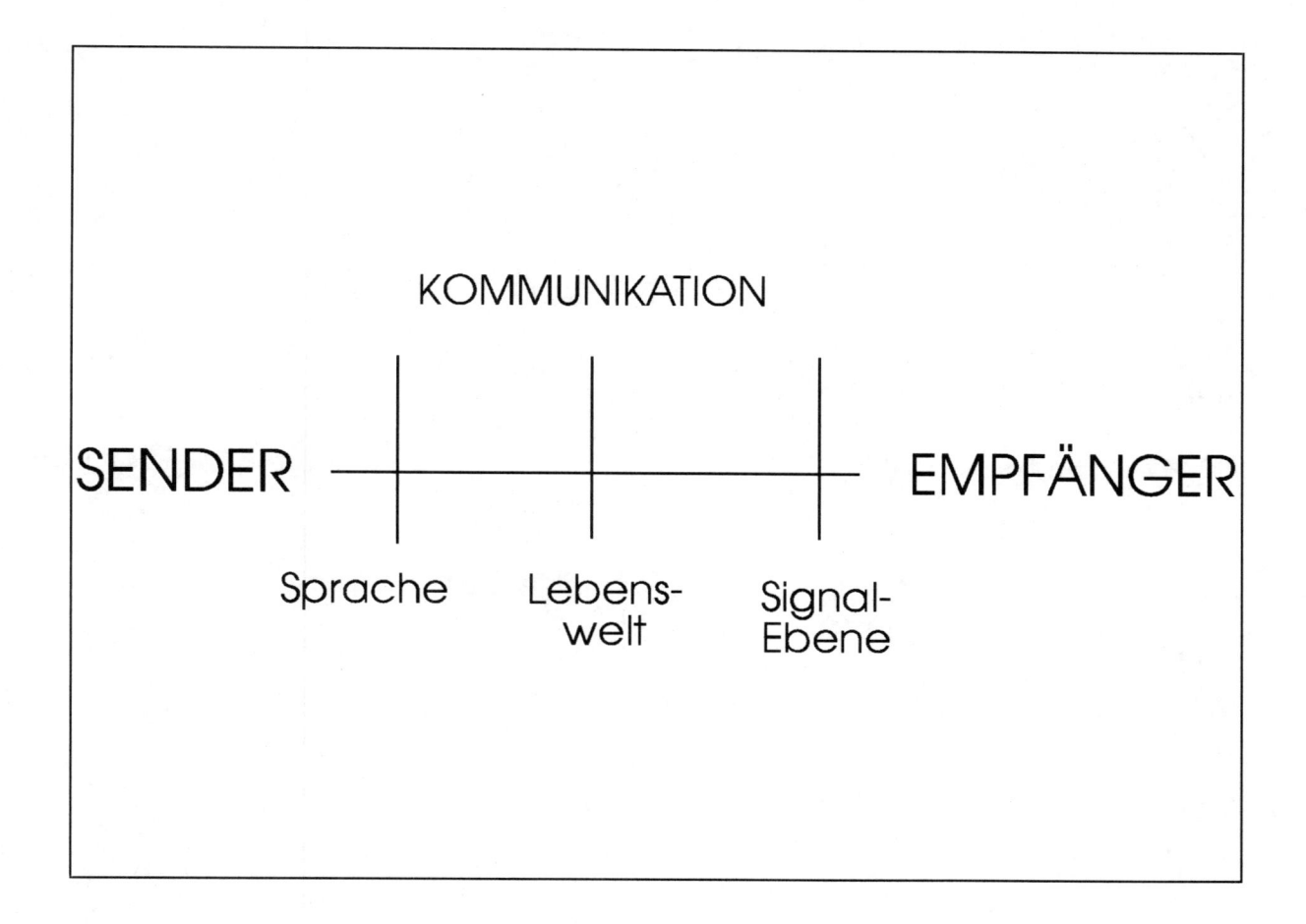

SENDER ──┼──┼──┼── **EMPFÄNGER**

        Sprache   Lebens-   Signal-
                  welt   Ebene

Burghard Krause: Auszug aus dem Schneckenhaus, Aussaat Verlag

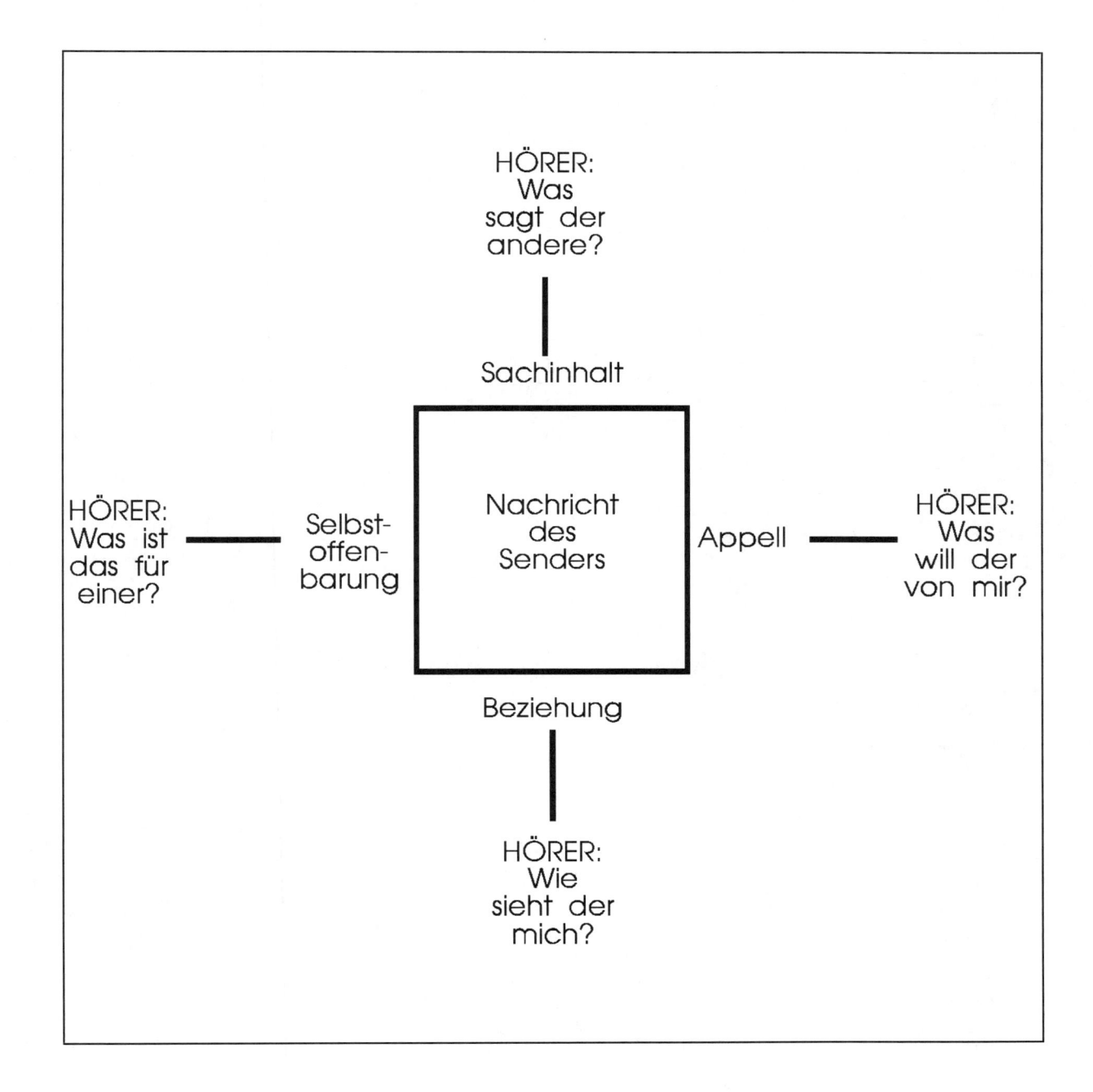

```
                    HÖRER:
                     Was
                   sagt der
                   andere?
                      |
                  Sachinhalt
                  ┌─────────┐
  HÖRER:          │         │          HÖRER:
  Was ist  Selbst-│Nachricht│          Was
  das für  offen- │   des   │  Appell  will der
  einer?   barung │ Senders │          von mir?
                  │         │
                  └─────────┘
                  Beziehung
                      |
                    HÖRER:
                     Wie
                   sieht der
                    mich?
```

Burghard Krause: Auszug aus dem Schneckenhaus, Aussaat Verlag

Tobias Brocher
Brief eines unbekannten Studenten

"Bitte höre, was ich nicht sage! Laß Dich nicht von mir narren! Laß Dich nicht durch mein Gesicht täuschen. Denn ich trage tausend Masken - Masken, die ich fürchte abzulegen. Und keine davon bin ich. So zu tun als ob, ist eine Kunst, die mir zur zweiten Natur wurde. Aber laß Dich um Gottes willen dadurch nicht täuschen.

Ich mache den Eindruck, als sei ich umgänglich, als sei alles sonnig und heiter in mir, innen wie außen. Als sei mein Wesen Vertrauen und Kühle, so als könne ich über alles bestimmen und brauchte niemanden. Aber glaub mir nicht! Mein Äußeres mag sicher erscheinen, aber es ist meine Maske. Darunter ist nichts Entsprechendes. Darunter bin ich, wie ich wirklich bin: verwirrt, in Angst und alleine.

Aber ich verberge das, weil ich nicht möchte, daß es irgend jemand merkt. Beim bloßen Gedanken an meine Schwächen bekomme ich Panik und fürchte mich davor, mich anderen überhaupt auszusetzen. Gerade deshalb erfinde ich verzweifelt Masken, hinter denen ich mich verbergen kann: eine lässige, kluge Fassade, die mir hilft, etwas vorzutäuschen, die mich vor dem wissenden Blick sichert, der mich erkennen würde. Dabei wäre gerade dieser Blick meine Rettung. Und ich weiß es. Wenn er verbunden wäre mit Angenommenwerden, mit Liebe. Das würde mir die Sicherheit geben, die ich mir selbst nicht geben kann, die Sicherheit, daß ich etwas wert bin.

Aber das sage ich Dir nicht. Ich wage es nicht. Ich habe Angst davor. Ich habe Angst, daß Dein Blick nicht von Annahme und Liebe begleitet wird. Ich fürchte, Du wirst gering von mir denken und über mich lachen - und Dein Lachen würde mich umbringen. Ich habe Angst, daß ich tief drinnen in mir selbst nichts bin und daß Du das siehst und mich abweisen wirst.

So spiele ich mein verzweifeltes Spiel: eine sichere Fassade außen und ein zitterndes Kind innen. Ich rede daher im gängigen Ton oberflächlichen Geschwätzes. Ich erzähle Dir alles, das in Wirklichkeit nichtssagend ist, und nichts von alledem, was wirklich ist, was in mir schreit. Deshalb laß Dich nicht täuschen von dem, was ich aus Gewohnheit daherrede. Höre sorgfältig hin und versuche zu hören, was ich nicht sage - was ich gerne sagen möchte, was ich um des Überlebens willen rede und was ich nicht sagen kann.

Ich hasse Versteckspielen. Ehrlich! Ich verabscheue dieses oberflächliche Spiel, das ich da aufführe - ein unechtes Spiel. Ich möchte wirklich echt und spontan sein können, einfach ich selbst, aber Du mußt mir helfen. Du mußt Deine Hand ausstrecken, selbst wenn es gerade das letzte zu sein scheint, das ich mir wünsche. Jedesmal, wenn Du freundlich bist und mir Mut machst, wenn Du mich zu verstehen suchst, weil Du Dich wirklich um mich sorgst, bekommt mein Herz Flügel - sehr kleine, brüchige Schwingen, aber Flügel.

Dein Mitgefühl und die Kraft Deines Verstehens machen mich lebendig. Ich möchte, daß Du das weißt, wie wichtig Du für mich bist, wie sehr Du aus mir den Menschen machen kannst, der ich wirklich bin - wenn Du willst. Ich wünschte, Du wolltest es. Du allein kannst die Wand niederreißen, hinter der ich mich ängstige. Du allein kannst mir die Maske abnehmen und mich aus meiner Schattenwelt befreien, aus Angst und Unsicherheit, aus meiner Einsamkeit. Übersieh mich nicht, bitte übergeh mich nicht.

Es wird nicht leicht für Dich sein. Die lang andauernde Überzeugung, wertlos zu sein, schafft dicke Schutzmauern. Je näher Du mir kommst, desto blinder schlage ich zurück. Ich wehre mich gegen das, wonach ich schreie. Meine Hoffnung liegt darin, daß Liebe stärker ist als jeder Schutzwall. Versuche diese Mauern einzureißen mit sicheren, behutsamen Händen - das Kind in mir ist verletzlich.

Wer ich bin, fragst Du? Ich bin jemand, den Du sehr gut kennst. Ich bin jedermann, den Du triffst - jeder Mann und jede Frau, die Dir begegnen".

Fragen zum Text:

* Was löst dieser Brief in Ihnen aus?
Wo entdecken Sie sich darin selbst wieder?

* Welche Sehnsucht und welche
damit verbundene Angst offenbart der Brief?
Wie kann man dieser Sehnsucht und Angst begegnen?

* Was bedeutet die Botschaft des Briefes
für Ihre Gespräche mit Menschen -
besonders für Gespräche über Fragen des Glaubens?

III-8

Burghard Krause: Auszug aus dem Schneckenhaus, Aussaat Verlag

III-9

Burghard Krause: Auszug aus dem Schneckenhaus, Aussaat Verlag

LEBENSTHEMA	*GLAUBENSTHEMA*
Tiefe Enttäuschung durch einen anderen Menschen	Was bewirken innere Verletzungen? Wie heilen sie? Welche Hilfen bietet der Glaube dazu an?
Freude über die Geburt eines gesunden Kindes	Wem verdanken wir unser Leben? Kinder als Segen Gottes Verantwortung für das neue Leben Taufe und Erziehung zum Glauben
Minderwertigkeitskomplexe wegen des eigenen Aussehens	Wer entscheidet über den Wert meines Lebens? Glaube als Hilfe zur Selbstbejahung
Unerwartet glücklicher Ausgang eines schweren Unfalls	Zufall oder Bewahrung? Noch einmal geschenktes Leben: Chance und Herausforderung
Identitätsprobleme nach krankheitsbedingter Frühpensionierung	Was gibt meinem Leben Sinn, wenn ich nichts mehr leisten kann? Zu welchem Sinnempfang befreit der Glaube?

Burghard Krause: Auszug aus dem Schneckenhaus, Aussaat Verlag

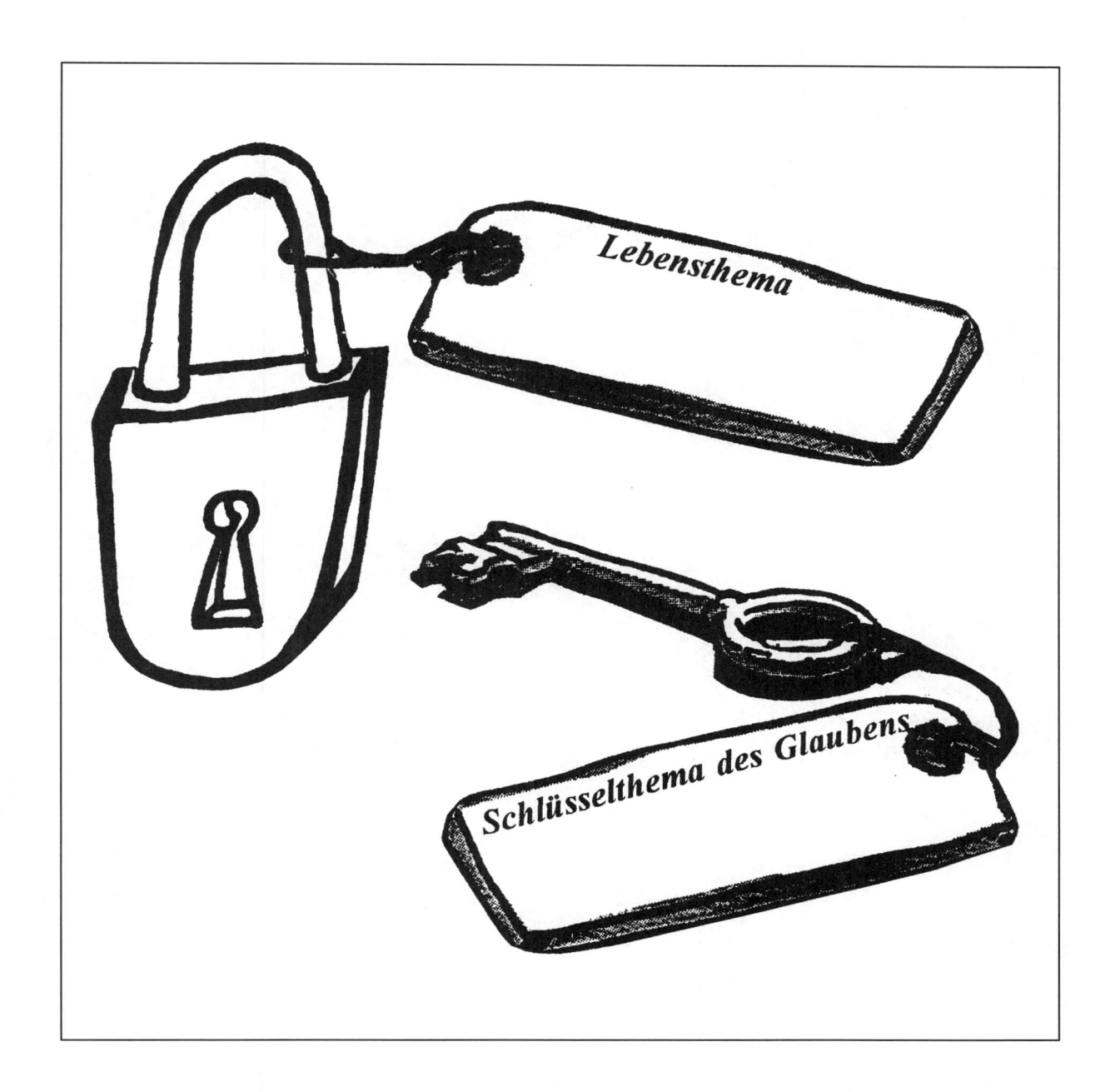

Lebensthema

Schlüsselthema des Glaubens

Burghard Krause: Auszug aus dem Schneckenhaus, Aussaat Verlag

Lebensthema

Schlüsselthema des Glaubens

Arbeitsaufträge für die Gruppen:

* Wählen Sie sich eine (real existierende oder erdachte) **Person**, an deren **Lebensthema** Sie arbeiten wollen. **Welches Lebensthema hat die betreffende Person?** Tragen Sie es in die Zeichnung oben ein.

* Sprechen Sie miteinander über die Frage:
Welche **Fragen, Sehnsüchte, Ängste** beschäftigen einen Menschen mit diesem Lebensthema?

* Suchen Sie nach **Schlüsselthemen oder -Fragen des Glaubens**, die zu dem Lebensthema eine innere Beziehung haben. Tragen Sie sie in die Zeichnung oben ein.

* Überlegen Sie, wie in einem Gespräch **Lebensthema und Glaubensthema aufeinander bezogen** werden könnten (Stichworte).

Burghard Krause: Auszug aus dem Schneckenhaus, Aussaat Verlag

III-13

Burghard Krause: Auszug aus dem Schneckenhaus, Aussaat Verlag

Rollenkarte

> Denken Sie sich in die folgende Lebenssituation hinein:
>
> *Sie sind in einer großen Firma beschäftigt und ca 50 Jahre alt. Sie fühlen sich den beruflichen Anforderungen nicht mehr so wie früher gewachsen. Der Stress nimmt zu - die Belastbarkeit ab. Jüngere Kollegen/Kolleginnen verschärfen den Konkurrenzdruck. Der Betrieb hat beschlossen, Stellen einzusparen. Sie haben Angst, auf die Abschußliste zu geraten, und machen sich Sorgen um Ihre berufliche Zukunft. Immer häufiger versuchen Sie, Ihren Zukunftsängsten durch Alkohol zu entfliehen. Vor Ihrem Partner/ Ihrer Partnerin und Ihrer Familie bemühen Sie sich, Ihre Alkoholprobleme zu verheimlichen. Aber die innerfamiliären Spannungen wachsen...*

Burghard Krause: Auszug aus dem Schneckenhaus, Aussaat Verlag

Wir machen Glaubenserfahrungen, wo wir Gottes Zusagen erproben

Burghard Krause: Auszug aus dem Schneckenhaus, Aussaat Verlag

Worte des Evangeliums, die man erproben kann:

Kommet her zu mir, alle, die ihr mühselig und beladen seid;
ich will euch erquicken (Mt. 11, 28).

Niemand kann zwei Herren dienen: entweder er wird den einen hassen
und den anderen lieben, oder er wird an dem einen hängen und den anderen verachten.
Ihr könnt nicht Gott dienen und dem Mammon (Mt. 6, 24).

Selig sind die Barmherzigen, denn sie werden Barmherzigkeit erlangen (Mt. 5, 7).

Laß dir an meiner Gnade genügen,
denn meine Kraft ist in den Schwachen mächtig (2.Kor. 12, 9).

Alle eure Sorge werft auf ihn; denn er sorgt für euch (1. Petr. 5, 7).

Wer kärglich sät, der wird auch kärglich ernten; und wer da sät im
Segen, der wird auch ernten im Segen (2. Kor. 9, 6).

Wir wissen aber, daß denen, die Gott lieben,
alle Dinge zum Besten dienen (Röm. 8, 28).

Rufe mich an in der Not, so will ich dich erretten,
und du sollst mich preisen (Ps. 50, 15).

Der Geist Gottes gibt Zeugnis unserem Geist,
daß wir Gottes Kinder sind (Röm. 8, 16).

*Erzählen Sie sich gegenseitig
von Erfahrungen,
die Sie mit einem dieser Worte der Bibel
(bzw. mit einer anderen Zusage oder Weisung des Evangeliums)
gemacht haben.*

Burghard Krause: Auszug aus dem Schneckenhaus, Aussaat Verlag

Erlebnis + Deutung
= Erfahrung

Erfahrung =
gedeutetes Erleben

> # Glaubenserfahrung =
>
> # im Licht des Evangeliums gedeutetes Erleben

SECHS	*Erzählen Sie von einer Glaubenserfahrung, indem Sie ein persönliches Erlebnis vom Evangelium her deuten.*
EINS	*Erzählen Sie von einem Erlebnis, dessen Deutung vom Glauben her Ihnen schwer fällt. Wer hilft Ihnen?*
DREI	*Bitten Sie eine andere Person aus Ihrer Gruppe, von einer Glaubenserfahrung zu erzählen.*

Burghard Krause: Auszug aus dem Schneckenhaus, Aussaat Verlag

Schlagworte gegen den Glauben

*Die Leute, die dauernd zur Kirche rennen,
sind auch nicht besser.*

Ich glaube nur, was ich sehe.

Daß es einen Gott gibt, kann keiner beweisen.

*Wozu brauche ich die Kirche? -
Ich habe immer ein anständiges Leben geführt.*

Glauben? - Das ganze Leben ist doch bloß Zufall!

Meinen Herrgott finde ich auch in der Natur!

In der Bibel stehen ja doch nur Märchen!

*Im Namen der Kirche
ist viel zu viel Unrecht geschehen!*

Wir haben ja alle doch nur einen Herrgott.

*Es gibt so viele Religionen -
Warum soll das Christentum besser sein?*

Mit dem Tod ist ohnehin alles aus.

Es hat ja sowieso alles keinen Sinn.

Burghard Krause: Auszug aus dem Schneckenhaus, Aussaat Verlag

III-21

Burghard Krause: Auszug aus dem Schneckenhaus, Aussaat Verlag

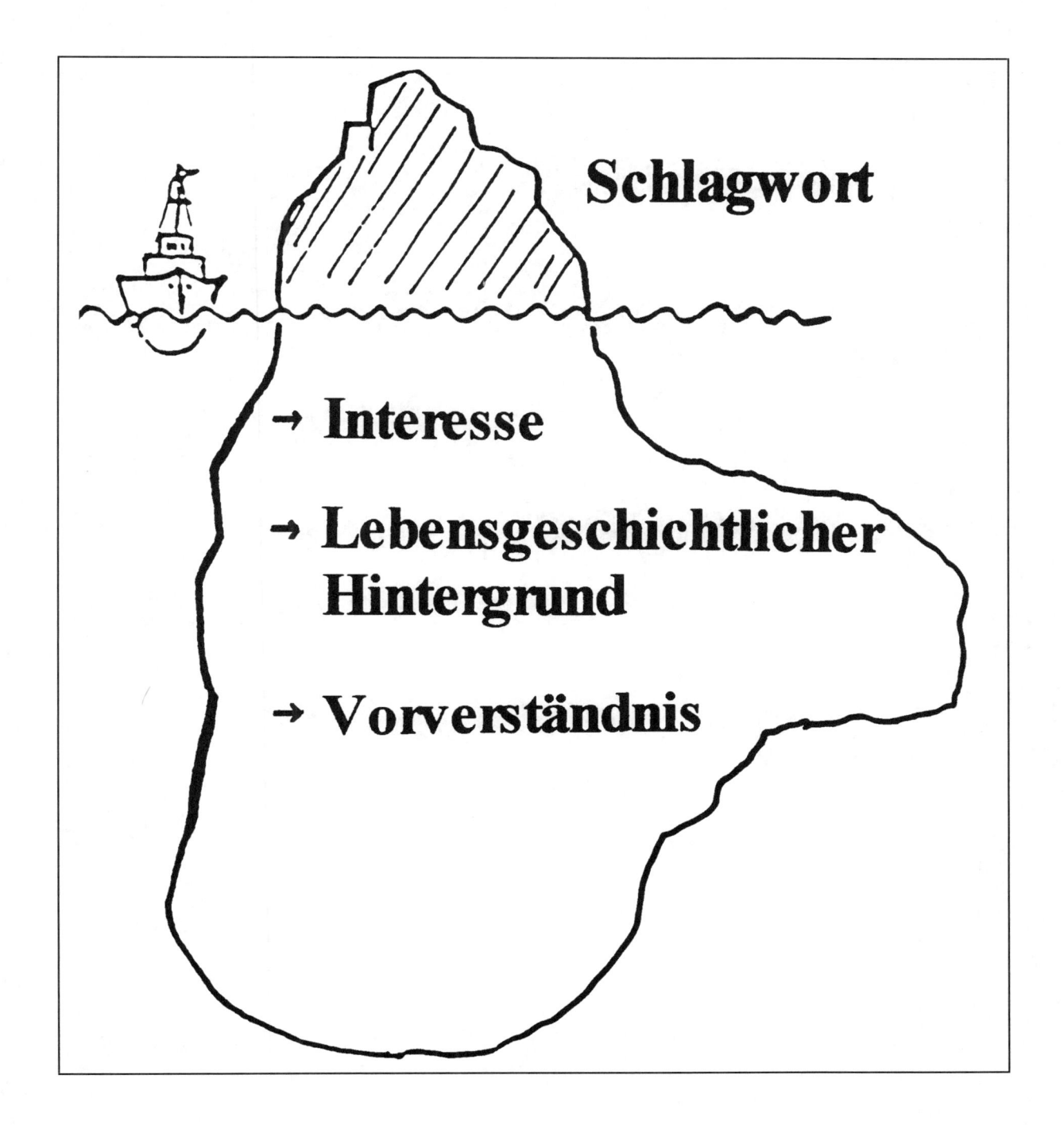

Schlagwort

→ Interesse

→ Lebensgeschichtlicher Hintergrund

→ Vorverständnis

Burghard Krause: Auszug aus dem Schneckenhaus, Aussaat Verlag

GESPRÄCHS - REGELN
FÜR DEN UMGANG MIT SCHLAGWORTEN

1
Nicht auf die "Spitze des Eisbergs" reagieren, sondern durch gezieltes Rückfragen den Teil des Eisbergs auskundschaften, der "unter Wasser liegt".

2
Bei entdeckten Leiderfahrungen und Verletzungen einfühlsam und teilnehmend zuhören, Fehlverhalten von Kirche und Christen eingestehen, nicht zu schnell trösten oder beschwichtigen.

3
Dem eventuell kranken Gottesbild des Gesprächspartners durch das "Malen" eines evangeliumsgemäßen Bildes von Gott begegnen. Bilder sind stärker als Gedanken, werden nur durch Bilder überwunden.

4
Durch behutsame Argumentation Mißverständnisse des Glaubens korrigieren und Steine aus dem Weg räumen, ohne dabei Überlegenheit auszuspielen oder den anderen in die Rolle des "Dummen" bzw. des Verlierers zu drängen.

5
Immer wieder die intellektuelle Argumentations-Ebene bewußt verlassen und durch persönlich eingebrachte Glaubenserfahrung Interesse am Glauben wecken, das über die "Kopf-Schiene" hinausgeht. Argumente provozieren immer den Schlagabtausch durch Gegen-Argumente. Wer aber von persönlichen Erfahrungen erzählt, ist "unschlagbar".

Burghard Krause: Auszug aus dem Schneckenhaus, Aussaat Verlag

Zum Schlagwort:
"Ich finde meinen Gott auch im Wald..."

Interesse:

* den Sonntag-Morgen lieber in freier Natur als in einer Kirche zubringen
* dem Zusammensein mit anderen Christen ausweichen
* Gott nicht als persönlichem Du begegnen wollen

Lebensgeschichtlicher Hintergrund:

* Naturverbundenheit / eventuell mit Esoterik-Hintergrund
* Sehnsucht nach Ausstieg aus technisch-rationaler Alltagswelt
* Erfahrung oder Vermutung: Kirche ist langweilig oder irrelevant
* Allein sein wollen aus Kontaktscheu, Einsamkeit, Verbitterung?

Vorverständnis:

* Religion ist Privatsache - Meinen Glauben mache ich mit mir allein ab!
* Identifizierung von Glaube mit religiösem Gefühl der Naturverbundenheit
* Verwechslung von Schöpfer und Schöpfung

Argumentationshilfen:

* Gott ist ein "DU", nicht ein "ES", ein personales Gegenüber, nicht ein religiös überhöhtes Naturerlebnis. "Vater im Himmel" und "Mutter Natur" sind nicht identisch. Ein Kennzeichen vieler esoterischer Impulse ist die Aufhebung des Gegenübers von Gott und Mensch, Schöpfer und Geschöpf in religiösen "Verschmelzungs-Erlebnissen". Christen wissen: Gott nimmt Beziehung zu uns auf. Aber er bleibt Gegenüber zum Menschen.

* In der Natur begegne ich bestenfalls "Fußspuren Gottes", den Zeichen seiner Schöpfergüte - aber nicht Gott selbst. Wir dürfen uns an der Schöpfung freuen, sie im Dank Gott gegenüber genießen. Aber wir sollen sie nicht vergötzen (moderne Götzen neben der Natur: Jugend, Vitalität).

* Gegen verklärte Natur-Romantik: im Wald begegnet man nicht einfach Gott, sondern a) zunehmend den Auswirkungen menschlicher Maßlosigkeit (Waldsterben, Naturzerstörung, Öko-Krise) und b) den rauhen Gesetzen der Natur (Leben wird durch Leben gefressen).

* Rückfrage: Was suchen und was finden Sie im Wald? Mancher sucht die Einsamkeit des Waldes aus Menschenscheu und Kontaktarmut, Verbitterung oder Schwermut. "Die Bäume fordern mich nicht, die Vögel verletzen mich nicht, die Sonne will nichts von mir". Aber der Wald redet eben auch nicht und durchbricht dadurch auch nicht die tödliche Isolation der Einsamkeit.

* Rückfrage: Was sagt Ihnen "Ihr Gott" im Wald? Auf viele bedrängende Fragen antwortet der "Wald-Gott" nicht, z.B. auf die Fragen nach Leiden und Tod, Sinn und Verantwortung, Schuld und Gemeinschaft. Der Gott, von dem die Bibel erzählt, redet zu uns und gibt Antwort auf unsere Lebensfragen.

* Hier wäre zu erzählen, wie die Begegnung mit dem "DU" Gottes Lebensfragen beantwortet und Sehnsüchte gestillt hat. Es kann gezeigt werden, warum die Gemeinschaft mit anderen Christen (z.B. im Gottesdienst) für die Bewältigung des eigenen Lebens wichtig ist ("Allein geht man ein"). Der Gesprächspartner kann auf Orte der Erfahrbarkeit Gottes jenseits aller Naturerlebnisse (Gemeinde, Bibel, Gebet) angesprochen werden.

Burghard Krause: Auszug aus dem Schneckenhaus, Aussaat Verlag

Zum Schlagwort:
"Die Leute, die dauernd zur Kirche rennen, sind auch nicht besser..."

Interesse:

* Versuch, Kirche und Christen in ein negatives Licht zu setzen
* Abwehr des Glaubens durch Verweis auf "Gottes Bodenpersonal"
* Skeptische Neugier: Hat der Glaube lebensverändernde Kraft?

Lebensgeschichtlicher Hintergrund:

* Allgemeine Erfahrung: von Christen geht keine Strahlkraft aus
* Persönliche Verletzungen durch Christen und Kirche (Kindheit?)

Vorverständnis:

* "Moralisches Mißverständnis": Christen müßten perfekt sein
* Kirche ist eine Erziehungsanstalt für die, die es brauchen

Argumentationshilfen:

* Rückfrage: Woran denken Sie konkret? Haben Sie negative Erfahrungen mit Christen und Kirche gemacht? Welche? Wann und wo?

* Eingeständnis von Versagen der Kirche, Zugeben von Unglaubwürdigkeit vieler Christen. Aber zugleich kritische Rückfrage: Ist der Sinn einer Verkehrsordnung schon dadurch widerlegt, daß es "Verkehrssünder" gibt, die sich nicht an die Ordnung halten? Ist das Evangelium schon damit erledigt, daß es Christen gibt, die ihm in ihrem Leben keinen Raum geben?

* Kritik am Schlagwort: die verallgemeinernde pauschale Behauptung des Schlagwortes stimmt nicht. Es gibt viele Gegenbeispiele: Kirchengeschichte (kleine und große Heilige, Reform- und Erneuerungsbewegungen); eigene Gemeinde: Menschen, die die Nachfolge ernst nehmen; eigenes Leben?

* Grundsätzlich gilt: Christen sind nicht besser als andere (moralisches Mißverständnis) und wollen es auch nicht sein. Sie sind aber besser dran, weil sie wissen, wohin sie mit ihren Versäumnissen können. Die Kirche ist "Sündergemeinschaft". Sie lebt aus der Vergebung eines Gottes, der Menschen trotz und in ihrer Schuld bedingungslos annimmt.

* Frage an den Gesprächspartner: Was denken Sie, woher kommt eigentlich die Kraft zur Lebensveränderung? Aus guten Vorsätzen, eindringlichen Ermahnungen oder aus dem Krampf der Selbstanstrengung? Christen glauben an die verändernde Kraft des Heiligen Geistes. Darum gehen (nicht rennen) sie zum Gottesdienst, wo diese Kraft erfahrbar ist.

Burghard Krause: Auszug aus dem Schneckenhaus, Aussaat Verlag

Auf den Spuren des Philippus - Stationen eines Glaubensgesprächs:

* *Auf kleine Winke Gottes achten*

* *Sich der Leitung durch Gottes Geist anvertrauen*

* *Persönliche Nähe wagen*

* *Hörend die Situation wahrnehmen*

* *Warten bis sich Türen öffnen*

* *An Fragen anknüpfen*

* *Erzählen - nicht diskutieren*

* *Den anderen wieder freigeben*

Burghard Krause: Auszug aus dem Schneckenhaus, Aussaat Verlag

Philippus aber erhielt durch einen Engel des Herrn den Auftrag: "Geh nach Süden, bis du auf die einsame Straße kommst, die von Jerusalem nach Gaza hinabführt!" Er machte sich sofort auf den Weg. Nun war dort gerade ein hochgestellter Mann aus Äthiopien auf der Heimreise, der Finanzverwalter der äthiopischen Königin, die den Titel Kandake führt, ein Eunuch. Er war nach Jerusalem gekommen, um den Gott Israels anzubeten, und fuhr jetzt wieder zurück. Unterwegs in seinem Wagen las er im Buch des Propheten Jesaja.

Der Geist Gottes sagte zu Philippus: "Folge diesem Wagen!" Philippus lief hin und hörte, wie der Mann laut im Buch des Propheten Jesaja las. Da fragte er ihn: "Verstehst du denn, was du da liest?" Der Äthiopier sagte: "Wie kann ich es verstehen, wenn mir niemand hilft!" Und er forderte Philippus auf, zu ihm in den Wagen zu steigen. Die Stelle, die er gelesen hatte, lautete: "Wie ein Lamm, wenn es zum Schlachten geführt wird, wie ein Schaf, wenn es geschoren wird, duldete er alles schweigend, ohne zu klagen. Er wurde verurteilt und hingerichtet; aber mitten in der äußersten Erniedrigung verschaffte Gott ihm sein Recht. Er wurde von der Erde weggenommen, und seine Nachkommen kann niemand zählen".

Der Äthiopier fragte: "Bitte, sag mir doch: Um wen geht es denn hier? Meint der Prophet sich selbst oder einen anderen?" Philippus ergriff die Gelegenheit und verkündete ihm, von dem Prophetenwort ausgehend, die Gute Nachricht von Jesus.

Unterwegs kamen sie an einer Wasserstelle vorbei, und der Äthiopier sagte: "Da gibt es Wasser! Spricht etwas dagegen, daß ich mich taufen lasse?" Er ließ den Wagen anhalten. Philippus ging mit ihm ins Wasser hinein und taufte ihn. Als sie aus dem Wasser herausstiegen, wurde Philippus vom Geist des Herrn weggenommen, und der Äthiopier sah ihn nicht mehr. Von Freude erfüllt, setzte er seine Reise fort.

Philippus fand man in Aschdod wieder. Von dort bis nach Cäsarea verbreitete er in allen Städten die Gute Nachricht von Jesus.

Apostelgeschichte 8, 26 - 40

III-28

Burghard Krause: Auszug aus dem Schneckenhaus, Aussaat Verlag

IV-1

Burghard Krause: Auszug aus dem Schneckenhaus, Aussaat Verlag

IV-2 Erstellung eines Gemeindeprofils

* *Schreiben Sie **jeden Teil** Ihres Gemeindelebens (Gruppe, Kreis, Gremium, Veranstaltung) auf **einen Zettel** mit Kreisformat.*
  Wählen Sie dabei die Farbe:
  grün = (zahlenmäßig) wachsend
  rot = (zahlenmäßig) abnehmend
  orange = (zahlenmäßig) gleichbleibend

* *Machen Sie mit Hilfe von **Klebepunkten** deutlich, wer*
  *- den Teil des Gemeindelebens **leitet** (Punkt in der Mitte)*
  *- die **Teilnehmer/innen** sind (= zusätzliche Punkte auf dem Zettel)*
  Farben:
  schwarz = hauptamtliche/r Mitarbeiter/in
  weiß = Kinder /Jugendliche
  rosa = mittlere Generation
  braun = ältere Generation

* *Schreiben Sie auf die **blauen rechteckigen Zettel**, was das **Umfeld** Ihrer Gemeinde bestimmt bzw. welche **äußeren Beeinflussungen** des Gemeindelebens Sie wahrnehmen (z. B. Industrie, Randgruppen, neuer Ortsteil, andere Kirchen, soziale Herausforderungen...).*

* *Ordnen Sie alle Zettel auf dem Plakatkarton so an, daß dabei die **Beziehung und Distanz** der einzelnen Gemeindeteile und ihres Umfeldes zueinander deutlich wird, indem Sie*
  - die Zettel in bestimmter Weise einander zuordnen
  - mit Strichen Verbindungslinien zwischen den Zetteln markieren

* *Überlegen Sie dabei gemeinsam:*
  - Was verbindet uns in unserer Gemeinde?
  *- Was ist die **tatsächliche(!) Mitte** unseres Gemeindelebens?*

* *Benennen Sie die **"Mitte"** des Gemeindelebens, indem Sie den **gelben kreisförmigen Zettel** beschriften und die anderen Zettel ihm optisch zuordnen.*

Fragen zur Auswertung des Gemeindeprofils:

* Was fällt Ihnen als erstes auf, wenn Sie Ihr Gemeindeprofil betrachten?
* Bestehen Beziehungen zwischen den einzelnen Gemeindeteilen? Welche?
* Wie sieht das Verhältnis zwischen Haupt- und Ehrenamtlichen aus?
* Welche Rolle spielt Ihr Pastor/ Ihre Pastorin in Ihrer Gemeinde?
* Ist Ihr Gemeindeleben auf die Herausforderungen des Gemeinde-Umfeldes bezogen?
* Wer oder was verbindet Ihr Gemeindeleben zu einem erkennbaren Ganzen?
* Entspricht das Gemeindeprofil Ihren Wünschen, Träumen und Hoffnungen von Gemeinde?
* Wo deckt es sich nicht mit dem Bild von Gemeinde, das in Ihnen lebt?

Burghard Krause: Auszug aus dem Schneckenhaus, Aussaat Verlag

Man kann die Gemeinde Christi mit einem Leib vergleichen, der viele Glieder hat. Obwohl er aus so vielen Teilen besteht, ist der Leib doch einer. Denn wir alle, Juden und Nichtjuden, Sklaven und Freie, sind in der Taufe durch denselben Geist in den einen Leib eingegliedert worden, und wir haben auch alle an demselben Geist Anteil bekommen.

Ein Körper besteht nicht aus einem einzigen Teil, sondern aus vielen Teilen. Wenn der Fuß erklärt: "Ich gehöre nicht zum Leib, weil ich nicht die Hand bin" - hört er damit auf, ein Teil des Körpers zu sein? Oder wenn das Ohr erklärt: "Ich gehöre nicht zum Leib, weil ich nicht das Auge bin" - hört es damit auf, ein Teil des Körpers zu sein? Wie könnte ein Mensch hören, wenn er nur aus Augen bestünde? Wie könnte er riechen, wenn er nur aus Ohren bestünde? Nun hat Gott aber jedem Teil seine besondere Aufgabe im Ganzen des Körpers zugewiesen. Wenn alles nur ein einzelner Teil wäre, wo bliebe da der Leib? Aber nun gibt es viele Teile, und alle an einem einzigen Leib.

Wenn irgendein Teil des Körpers leidet, dann leiden alle anderen mit ihm. Und wenn irgendein Teil geehrt wird, freuen sich alle anderen mit.

Ihr alle seid zusammen der Leib Christi; jeder einzelne von euch ist ein Teil davon.

1. Korinther 12, 12 - 20. 26 - 27

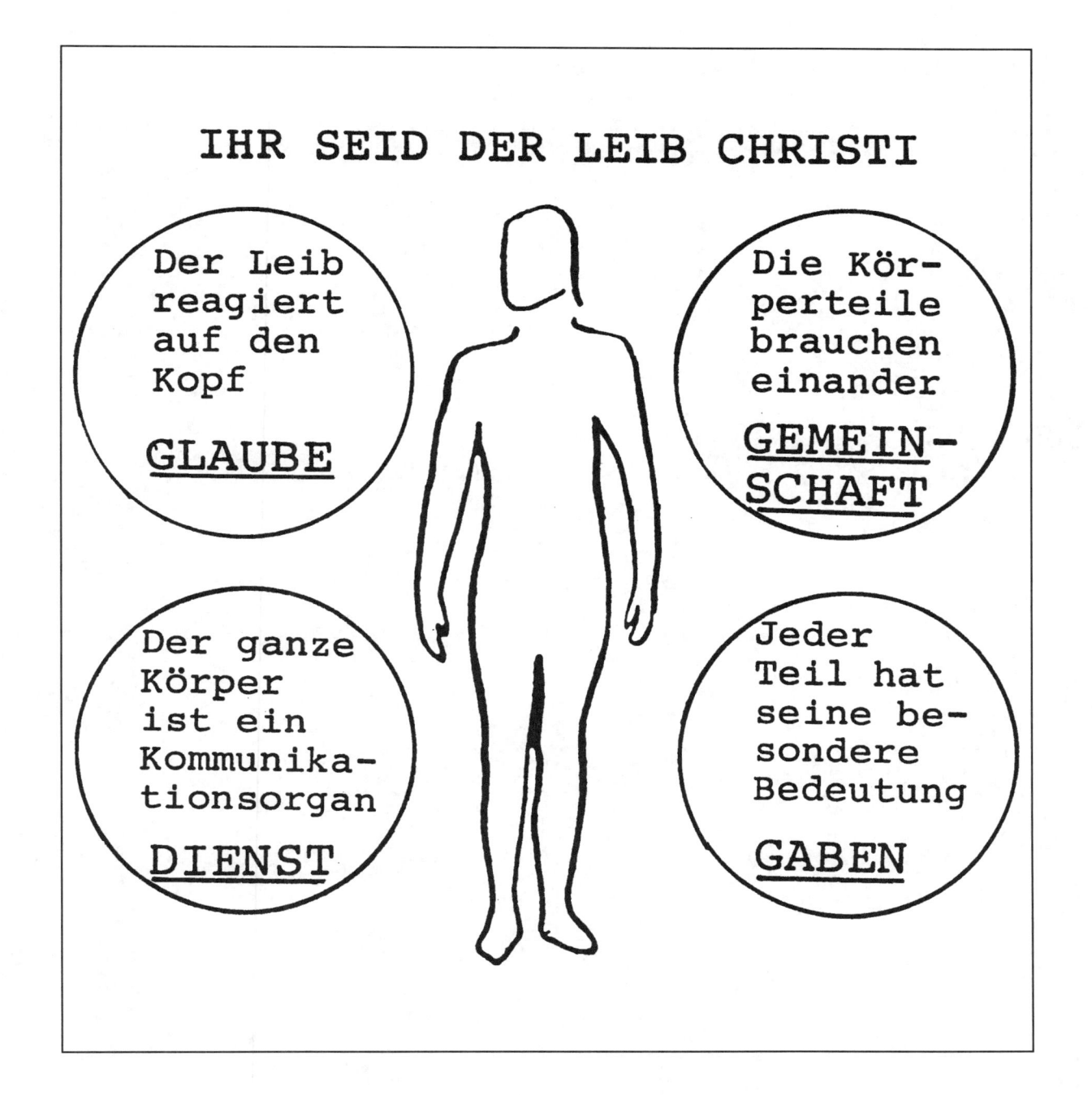

IHR SEID DER LEIB CHRISTI

- Der Leib reagiert auf den Kopf
  GLAUBE

- Die Körperteile brauchen einander
  GEMEIN-SCHAFT

- Der ganze Körper ist ein Kommunikationsorgan
  DIENST

- Jeder Teil hat seine besondere Bedeutung
  GABEN

GLAUBE	GEMEINSCHAFT
Gott handelt durch Jesus Christus in der Kraft seines Geistes an Menschen und befreit sie zu ihrer persönlichen Antwort des Glaubens auf sein Wort.	Diese Menschen gewinnen Anteil am Leib Christi in einer den Glauben vertiefenden und gestaltenden Gemeinschaft mit anderen Christen.
Sie wenden ihre Gaben an, indem sie als werbende Wahrheitszeugen für das Evangelium teilnehmen am diakonisch-missionarischen Dienst der Gemeinde.	Sie entdecken dabei die Gaben, die Gott ihnen schenkt, nehmen sie an, entfalten sie und üben sich darin ein, sie zur Ehre Gottes auszuleben.
DIENST	GABEN

Burghard Krause: Auszug aus dem Schneckenhaus, Aussaat Verlag

Die Christen leben wie Gänse auf einem Hof. An jedem siebten Tag wird eine Parade abgehalten, und der beredsamste Gänserich steht auf einem Zaun und schnattert über das Wunder der Gänse. Er erzählt von den Taten der Vorfahren, die einst zu fliegen wagten, und lobt die Gnade und Barmherzigkeit des Schöpfers, der den Gänsen Flügel und den Instinkt zum Fliegen gab.

Die Gänse sind tief gerührt, senken in Ergriffenheit die Köpfe und loben die Predigt und den beredten Gänserich.

Aber das ist auch alles. Eines tun sie nicht: sie fliegen nicht, denn das Korn ist gut und der Hof ist sicher.

Arbeitsaufträge an die Gruppen:

* Lesen Sie miteinander die Gänse-Geschichte von Sören Kierkegaard.
Sprechen Sie über die Frage:
Wo entdecken wir Ähnlichkeiten mit unserer eigenen Gemeinde?

* Überlegen Sie gemeinsam:
Was erschwert oder verhindert in unserer Gemeinde
die "Flugtüchtigkeit der Gänse" - d. h. die Entfaltung der "Gaben-Flügel" und den Einsatz der Gaben im Dienst für andere?
Tragen Sie Ihre Gesprächsergebnisse in Stichworten
in den "lahmen" Flügel der Gans (links unten) ein.

* Fragen Sie miteinander:
Was könnte die Flugtüchtigkeit der Gänse fördern? Was ist in unserer Gemeinde notwendig, damit sich die Gaben der einzelnen (wie Gänse-Fügel) entfalten und im Dienst zum Einsatz kommen? Notieren Sie Ihre Gesprächsergebnisse im aufgerichteten Flügel der Gans (rechts oben).

IV-7

Burghard Krause: Auszug aus dem Schneckenhaus, Aussaat Verlag

Ein Begabung wird zum Charisma,

- wenn sie nicht zur Selbstverherrlichung, sondern zur Ehre Gottes ausgelebt wird
(1. Petr. 4, 11)

- wenn Gott sie zum Aufbau und zum Zeugnis der Gemeinde in Dienst nimmt
(1. Kor. 14, 12. 26 ; Eph. 4, 12;)

- wenn sie in Liebe praktiziert wird
(1. Kor. 13)

Christen ohne Selbstbewußtsein

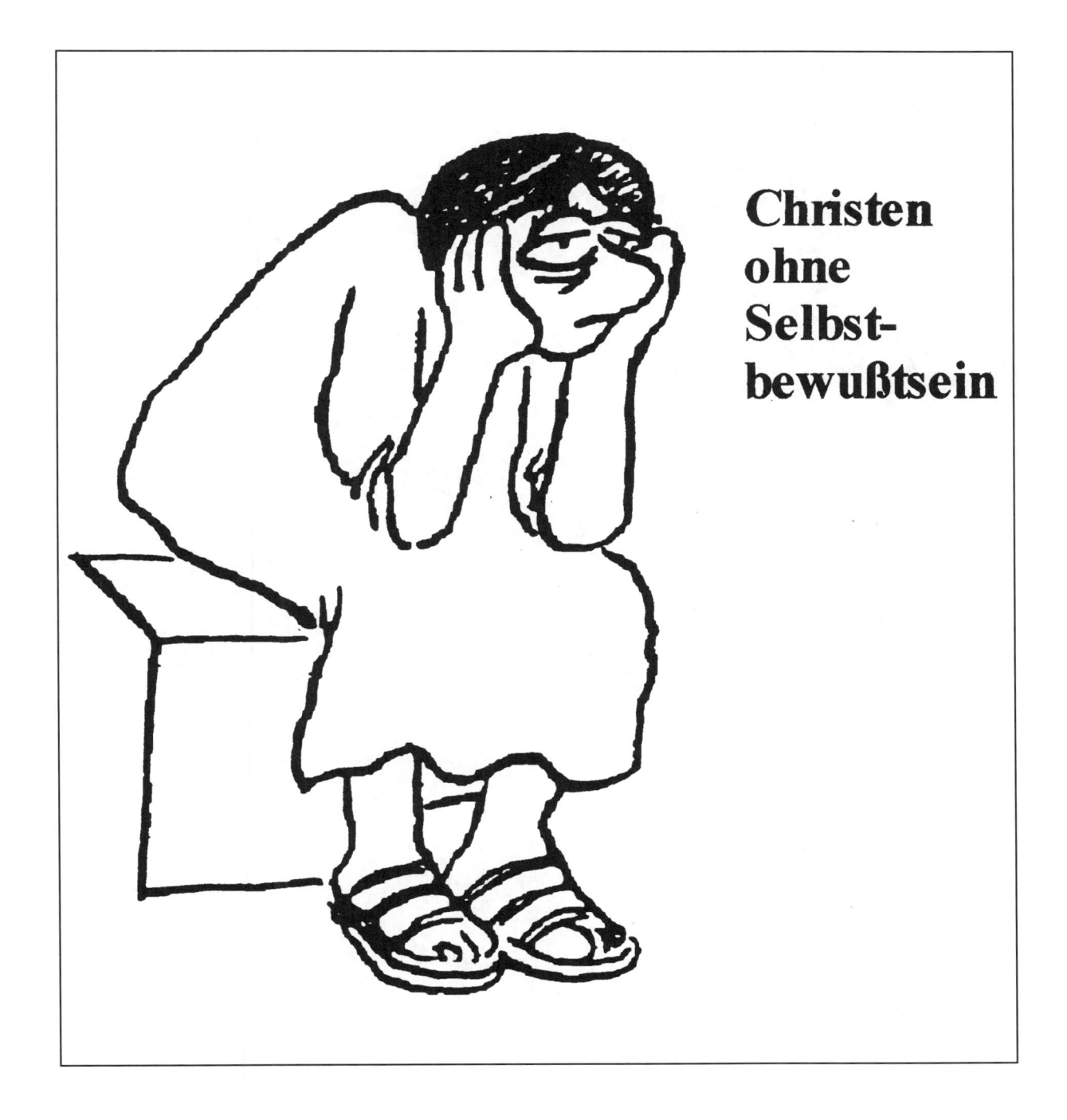

Burghard Krause: Auszug aus dem Schneckenhaus, Aussaat Verlag

Was jeder Christ über sich selbst glauben darf:

Ich bin ein einmaliges,
"handgefertigtes Original" Gottes
(1. Glaubensartikel)

Ich bin ein unverzichtbarer
Teil des Leibes Christi
(2. Glaubensartikel)

Ich bin ein "Tempel" und Werkzeug
des schöpferischen Geistes Gottes
(3. Glaubensartikel)

Burghard Krause: Auszug aus dem Schneckenhaus, Aussaat Verlag

Gaben und Grenzen

Gaben und Grenzen bedingen sich wechselseitig.

Unsere Grenzen sind nicht Gottes Grenzen.

Gaben-Neid ist Ausdruck einer falschen Blickrichtung.

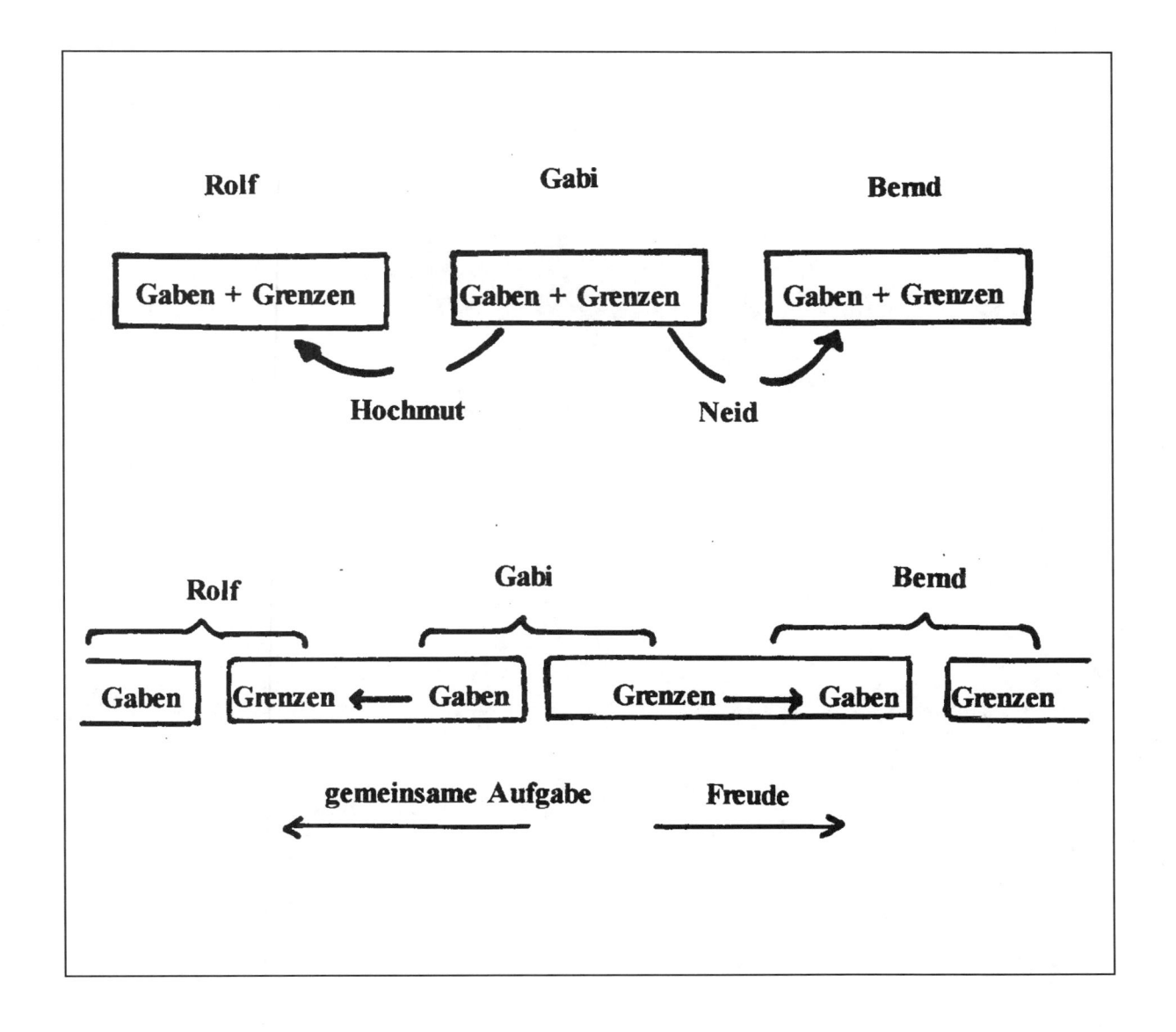

```
   Rolf              Gabi               Bernd
[Gaben + Grenzen] [Gaben + Grenzen]  [Gaben + Grenzen]
         ↖           ↙      ↘            ↗
        Hochmut              Neid
```

```
      Rolf            Gabi              Bernd
 [Gaben][Grenzen ← Gaben][Grenzen → Gaben][Grenzen]
         ←── gemeinsame Aufgabe ──  ── Freude ──→
```

Burghard Krause: Auszug aus dem Schneckenhaus, Aussaat Verlag

Auge
Nase
Mund

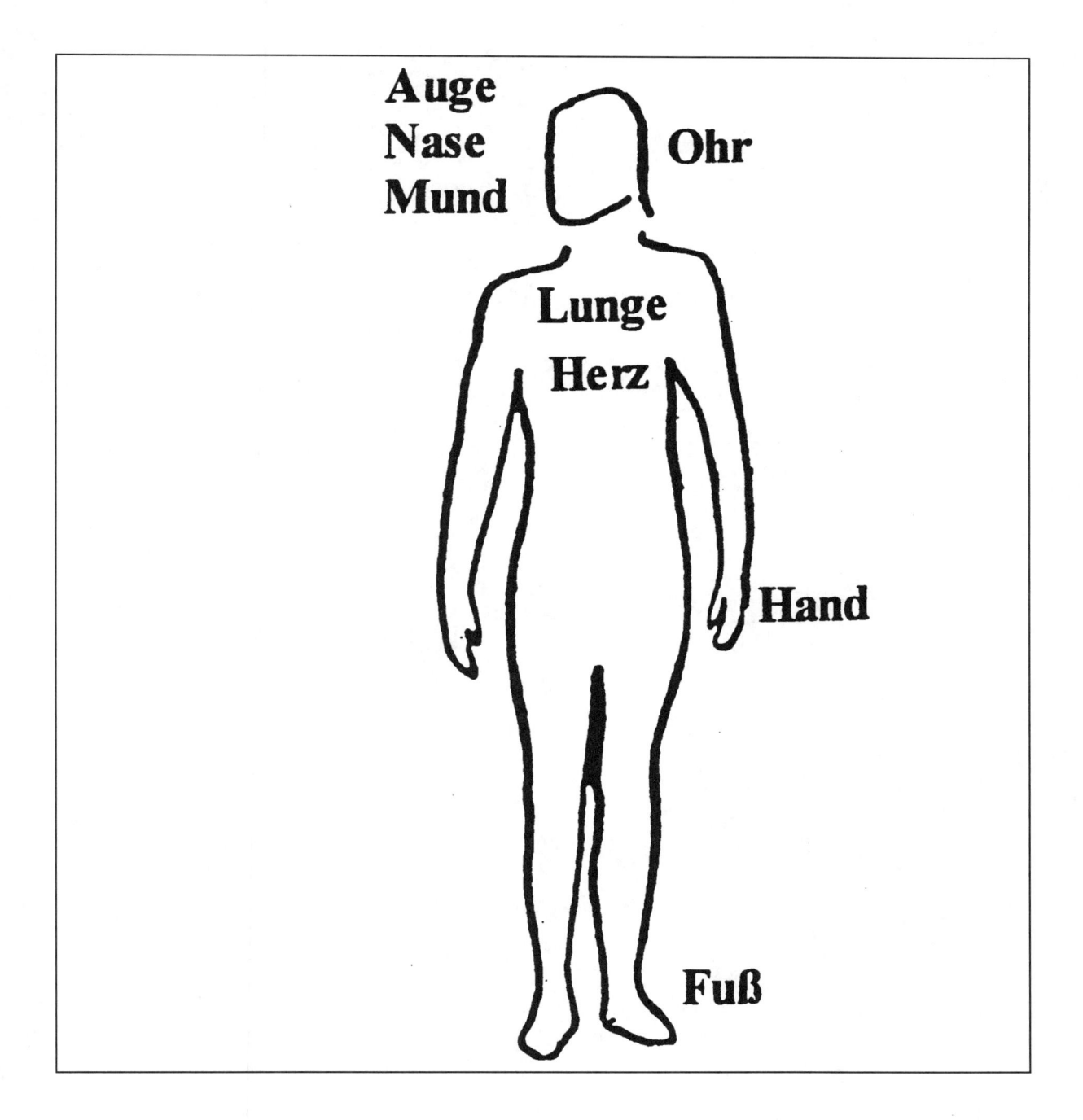

Ohr

Lunge

Herz

Hand

Fuß

Burghard Krause: Auszug aus dem Schneckenhaus, Aussaat Verlag

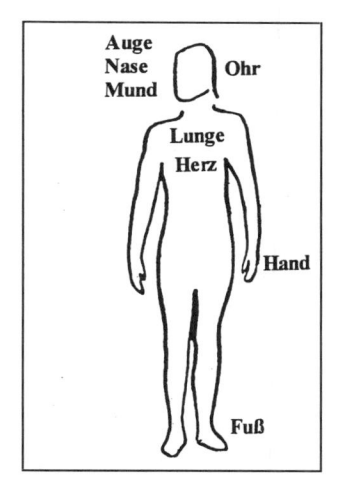

Anregungen für das Gruppengespräch:

* *Betrachten Sie das Ihnen von Ihrem eigenen Körper her vertraute Bild vom Leib. Sprechen Sie miteinander über die Frage, welche Bedeutung und welche Begrenzung die einzelnen Körperteile haben und warum und wozu sie sich gegenseitig brauchen.*

* *Übertragen Sie die unterschiedlichen Teile des Körpers auf Gaben und Fähigkeiten von Christen im "Leib Christi". Sie können dabei die folgende Übersicht verwenden und frei ergänzen oder verändern:*

Herz	Antriebskraft für die Gemeindeentwicklung sein
Lunge	aus- und einatmen in der Fürbitte für die Gemeinde
Ohr	zuhören können, die Stimme Gottes wahrnehmen
Auge	das Wesentliche sehen, Durchblick behalten
Mund	vom eigenen Glauben erzählen können
Hirn	....
Hand	....
Fuß	....
Magen	....
Leber	....
Haut	....
Schulter	....
Wirbelsäule	....
kleiner Finger	....
....	....
....	....

* *Fallen Ihnen Menschen aus Ihrer Gemeinde ein, die mit ihrem Gaben-Profil einem der beschriebenen Körperteile entsprechen? Nennen Sie Namen, erzählen Sie Beispielgeschichten. Was würde der Gemeinde fehlen, wenn es diese Menschen nicht gäbe?*

* *Fragen Sie sich: Wo komme ich selbst in diesem Bild vor? Welchen Platz im Leib Christi hat Gott mir zugedacht? Wie finde ich ihn heraus?*

IV-14

Burghard Krause: Auszug aus dem Schneckenhaus, Aussaat Verlag

IV-15

Burghard Krause: Auszug aus dem Schneckenhaus, Aussaat Verlag

Weg-Stationen des Gaben-Entdeckens

STAUNEN	die Einzigartigkeit und Schönheit des eigenen Lebens als Gabe Gottes bewundern und preisen
BETEN	Gott um Erkenntnis und Vergewisserung der eigenen Gaben und um Platz-Zuweisung in der Gemeinde bitten
INFORMIEREN	sich sachkundig machen über das Geheimnis des Leibes Christi und der ihm verheißenen Charismen
WAHRNEHMEN	ein Gespür bekommen für das eigene Persönlichkeitsprofil mit seinen besonderen Fähigkeiten (Stärken) und Grenzen (Schwächen)
HÖREN	sich in der Selbsteinschätzung der eigenen Gaben durch andere beraten und vergewissern lassen
ERPROBEN	entdeckte oder vermutete Gaben durch Anwendung und Beobachtung der Wirkungsgeschichte einer kritischen Bewährungsprobe unterziehen
HINGEBEN	sich in Freiheit Gott und der Gemeinde zur Verfügung stellen und glaubend erwarten, daß Gott die eingebrachten Gaben segnet

Ich kann nicht dichten wie GOETHE
ich kann nicht komponieren wie MOZART
ich kann nicht logisch denken wie EINSTEIN
ich bin nicht beliebt wie GOTTSCHALK
ich kann nicht singen wie MADONNA
ich kann nicht malen wie PICASSO
ich bin nicht so stark wie MUTTER TERESA
ich kann nicht regieren wie CLINTON

Aber ich kann LACHEN wie ich LACHE
ich kann LAUFEN wie ich LAUFE
ich kann DENKEN wie ich DENKE
ich kann WEINEN wie ich WEINE
ich kann SCHREIBEN wie ich SCHREIBE
ich kann MALEN wie ich MALE
ich kann HELFEN wie ich HELFE

Ich bin nicht großartig
ich bin nicht berühmt
ich rage nicht heraus

ABER MICH GIBT ES NUR EINMAL
ICH BIN EINMALIG
GOTT HAT MICH WUNDERBAR GEMACHT

Burghard Krause: Auszug aus dem Schneckenhaus, Aussaat Verlag

Gaben im Neuen Testament	Was ich mir darunter vorstelle...
Apostel	
Auslegung des Zungenredens	
Barmherzigkeit	
Dämonenaustreibung	
Dienen	
Ehelosigkeit	
Erkenntnis	
Evangelisation	
Freiwillige Armut	
Gastfreundschaft	
Geben	
Gebet	
Glaube	
Heilung	
Helfen	
Hirtendienst	
Lehren	
Leidensbereitschaft	
Leitung	
Missionar	
Organisation	
Prophetie	
Seelsorge	
Unterscheidung der Geister	
Weisheit	
Wundertaten	
Zungenrede	

Anregungen und Arbeitsaufträge für das Gruppengespräch:

*Sehen Sie sich die neutestamentliche Gaben-Liste an.
Welche Gaben hätten Sie in der Aufzählung der Charismen nicht vermutet?
(Bitte ankreuzen!)*

Versuchen Sie - soweit Sie kommen - die verschiedenen Charismen durch Stichworte zu erläutern. Leitfragen: Wie wirkt sich diese Gabe aus - beim Gabenträger selbst und in der Gemeinde? In welchem Aufgabenbereich läßt sie sich einsetzen?

Ordnen Sie - soweit möglich - die Gaben im vorgegebenen Raster (siehe unten) einem der vier Stichworte (Leitung, Verkündigung, Seelsorge, Diakonie) zu.

*Unter welchen Gaben können Sie sich nichts Genaues vorstellen?
(Bitte mit Fragezeichen versehen!)*

Markieren Sie alle Charismen, die Ihrer Ansicht nach in Ihrer Gemeinde vertreten sind. Welche Gaben kommen häufig vor? Welche fehlen ganz?

Ahnen oder wissen Sie, welche der aufgezählten Gaben Gott in Ihrem eigenen Leben versteckt hat und bei Ihnen entwickeln möchte?

Raster zur Einteilung der Charismen:

Leitung	Verkündigung	Seelsorge	Diakonie
....	....	....	....
....	....	....	....
....	....	....	....
....	....	....	....
....	....	....	....
....	....	....	....

Burghard Krause: Auszug aus dem Schneckenhaus, Aussaat Verlag

Typ	Jesus-Bild / Gemeinde-Bild	Gaben und Stärken	Schwächen und Grenzen
1	Jesus ist eindeutig / die entschiedene + reformerische Gemeinde	Visionskraft / Reformgeist / Kritikfähigkeit / Prophetie	Perfektionismus / Ungeduld / Kritiksucht / Zorn
2	Jesus ist für andere da / die fürsorgliche + barmherzige Gemeinde	Hingabebereitschaft / Dienstwille / Barmherzigkeit / Liebesfähigkeit	"Messias-Komplex" / Unentbehrlichkeit / Klammern / Schmeichelei
3	Jesus bewirkt Großes / die wachsende + erfolgreiche Gemeinde	Lust am Gelingen / Interesse an Effizienz / Zielorientierung / Tüchtigkeit	Täuschung / Heucheln / Eitelkeit / Lüge
4	Jesus ist einmalig / die außergewöhnliche + kreative Gemeinde	Freude am Schönen / Liebe zur Kunst / Phantasiereichtum / Kreativität	Selbstdarstellung / Narzißmus / Melancholie / Neid
5	Jesus schafft Klarheit / die geistig wache + nüchterne Gemeinde	Sachlichkeit / Beobachtungsgabe / Durchblick / Reflektionskraft	Rückzug in Theorien / Wahrheit ohne Liebe / Habsucht / Geiz
6	Jesus will Gehorsam / die verbindliche + treue Gemeinde	Liebe zur Tradition / Verläßlichkeit / Glaubensgehorsam / Treue im Kleinen	Traditionalismus / Fundamentalismus / Feig- u. Waghalsigkeit / Furcht
7	Jesus bringt Freude / die glaubensgewisse + österliche Gemeinde	Fröhlichkeit / Humor / Lobpreis / Lebensbejahung / Osterglaube	Maßlosigkeit / Oberflächlichkeit / Schmerzverdrängung / Zweckoptimismus
8	Jesus ergreift Partei / die kämpferische + solidarische Gemeinde	Einsatz für Schwache / Mut zum Bekennen / Standfestigkeit / Konflikt-Freudigkeit	Kompromißlosigkeit / Herrsch-Sucht / Rechthaberei / Schamlosigkeit
9	Jesus stiftet Frieden / die versöhnte + friedfertige Gemeinde	Sorglose Gelassenheit / Gemeinschafts-Sinn / Kraft zur Versöhnung / Freude am Ausruhen	Konfliktscheu / Standpunktlosigkeit / Passivität / Trägheit

* *Wo entdecke ich in diesen Typen Menschen aus meiner Gemeinde wieder?*
* *Mit welchem Typ (welchen Typen) möchte ich mich gern intensiver befassen, weil ich ahne, daß Anteile davon auch in mir leben?*
* *Wie können sich die Jesus- und Gemeindebilder der einzelnen Typen gegenseitig ergänzen und korrigieren?*
* *Für welche Gemeindeaufgaben bringen die einzelnen Typen gute Voraussetzungen mit?*

1	Gibt es bei uns Bereitschaft zur Veränderung? Wird bei uns Umkehr gepredigt, die das ganze Leben umfaßt? Gibt es unter uns Propheten? Herrschen bei uns Richtgeist, Kritiksucht oder Nörgelei?
2	Wie gehen wir als Gemeinde mit den Armen und Entrechteten um? Wer bei uns macht immer die "Dreckarbeiten"? Gibt es bei uns einen "Zwang zur Nähe"? Gibt es bei uns Menschen mit einem Unentbehrlichkeitswahn?
3	Welche konkreten Ziele und Visionen haben wir als Gemeinde? Wieviel Energie investieren wir, damit andere zur Gemeinde finden? Herrscht bei uns in gewissen Bereichen nur schöner Schein? Gibt es "Lebenslügen" unsrer Gemeinde, die aufzudecken sind?
4	Gibt es in unserer Gemeinde "bunte Vögel"? Ist Raum bei uns für Kreative, Künstler und Ästheten? Sind unsere Gottesdienste schön? Existieren bei uns elitäre Klüngel?
5	Sind Intellektuelle und ihre Gaben bei uns gefragt? Gibt es "alte Weise", von denen wir profitieren? Ist es bei uns unterkühlt und distanziert? Reden wir immer nur, oder geschieht auch wirklich etwas?
6	Wie steht es mit der Verbindlichkeit bei uns? Gibt es bei uns gute Traditionen, die mit Leben erfüllt sind? Wer sind die "Treuen"? Ehren wir sie? Hören wir auf ihre Stimme? Wo herrschen bei uns Enge und Gesetzlichkeit?
7	Wird bei uns gelacht und gefeiert? Wer ist die Ulknudel oder der Gemeindeclown? Welchen Stellenwert hat das Osterfest und wie begehen wir es? Kehren wir schmerzhafte Tatsachen unter den Teppich?
8	Können wir mit offenem Visier streiten? Wie ist die Macht in unserer Gemeinde verteilt? Werden bestimmte Frömmigkeitsprofile durch andere unterdrückt? Wer setzt sich bei uns für Zukurzgekommene ein?
9	Gönnen wir uns schöpferische Ruhe und Raum für zweckfreie Gemeinschaft? Wer sind die Friedensstifter und Vermittler unter uns? Herrschen bei uns Müdigkeit und Lethargie? Vermeiden wir bestimmte Konflikte?

Mein Name: Person A	Name: Person B	Name: Person C
Meine Begabungen – wie ich mich selbst einschätze:	Die Begabungen von Person A aus der Sicht von Person B:	Die Begabungen von Person A aus der Sicht von Person C: ....

Burghard Krause: Auszug aus dem Schneckenhaus, Aussaat Verlag

* Gott erwartet in der Regel nichts von uns,
  wozu er uns nicht auch gleichzeitig begabt.

* Gott mutet uns manchmal Aufgaben zu,
  an denen unsere Gaben wachsen können.

* Entsprechen sich Gabe und Aufgabe nicht,
  schadet man sich selbst und der Gemeinde.

	Aufgaben	Gaben
Gemeindeleitung		
Verkündigung		
Seelsorge		
Diakonie		

Fragen zum Auswertungsgespräch:

* *Wie beurteilen Sie insgesamt das Verhältnis von Gaben und Aufgaben-Verteilung in Ihrer Gemeinde?*
* *Welcher der Gaben-Aufgaben-Bereiche ist gut, welcher schlecht abgedeckt?*
* *Wo zeigen sich Aufgaben, für die es noch keine entsprechenden Gaben gibt?*
* *Wo sind Gaben vorhanden, die noch keine Aufgabe gefunden haben?*
* *Nimmt jemand Aufgaben wahr, für die er / sie keine Gabe hat?*
* *Wo muß die Aufgabenverteilung zwischen den Haupt- und den Ehrenamtlichen in Ihrer Gemeinde neu überdacht werden?*
* *Welche Folgerungen ziehen Sie aus dem Diagramm für die nächsten Schritte Ihrer Gemeindeentwicklung?*

Und er sah eine große Menge Volkes,
die Menschen taten ihm leid, und er redete
zu ihnen von der unwiderstehlichen Liebe Gottes.

Als es dann Abend wurde, sagten seine Jünger:
Herr, schicke diese Leute fort,
es ist schon spät, sie haben keine Zeit.

Gebt ihnen doch davon, so sagte er,
gebt ihnen doch von eurer Zeit!

Wir haben selber keine, fanden sie,
und was wir haben, dieses wenige,
wie soll das reichen für so viele?

Doch da war einer unter ihnen, der hatte wohl
noch fünf Termine frei, mehr nicht, zur Not,
dazu zwei Viertelstunden.

Und Jesus nahm, mit einem Lächeln,
die fünf Termine, die sie hatten,
die beiden Viertelstunden in die Hand.
Er blickte auf zum Himmel,
sprach das Dankgebet und Lob,
dann ließ er austeilen die kostbare Zeit
durch seine Jünger an die vielen Menschen.

Und siehe da: es reichte nun das wenige für alle.
Am Ende füllten sie sogar zwölf Tage voll
mit dem, was übrig war an Zeit,
das war nicht wenig.

Es wird berichtet, daß sie staunten.
Denn möglich ist, das sahen sie,
Unmögliches bei ihm.

Lothar Zenetti:
"Die wunderbare Zeitvermehrung"

Jesus zog sich zurück und fuhr mit dem Boot an eine einsame Stelle. Aber die Leute merkten es und folgten ihm aus allen Orten auf dem Landweg. Als Jesus aus dem Boot stieg, sah er eine riesige Menschenmenge vor sich. Da erfaßte ihn Mitleid, und er heilte ihre Kranken.

Darüber wurde es Abend. Seine Jünger kamen zu ihm und sagten: "Es ist schon spät, und die Gegend hier ist einsam. Schick doch die Leute in die Dörfer, damit sie sich etwas zu essen kaufen!" Jesus antwortete ihnen: "Es ist nicht nötig, daß sie weggehen. Gebt ihr ihnen zu essen!" Sie hielten ihm entgegen: "Wir haben nur fünf Brote und zwei Fische." "Bringt sie mir her!" sagte Jesus.

Er forderte die Leute auf, sich ins Gras zu setzen. Dann nahm er die fünf Brote und die zwei Fische, sah zum Himmel auf und dankte Gott. Er brach die Brote in Stücke, gab sie den Jüngern, und die verteilten sie an die Menge. Alle bekamen genug zu essen. Die Jünger füllten sogar noch zwöf Körbe mit dem, was übrigblieb. Etwa fünftausend Männer hatten an der Mahlzeit teilgenommen, dazu noch Frauen und Kinder.

Matthäus 14, 13 - 21

Agendarischer Rahmen
für den Gottesdienst zu Matthäus 14, 13 - 21:

- Musikalische Eröffnung
- Begrüßung
- Lied
- Eingangsgebet
- Psalm-Lesung
- Lied
- Text-Lesung
- Stille
- Beispiele persönlicher Glaubenserfahrung
- Lied
- Verkündigungsteil
- Lied
- Zeichenhandlung
- Lied
- Abendmahl
- Lied
- Fürbitte / Vater unser
- Segen
- Musikalischer Ausklang

Vorbereitungs-Gruppen für den Gottesdienst:

Gruppe 1:   Raumgestaltung

Gruppe 2:   Musik / Lieder / Gebete / Psalm

Gruppe 3:   Persönliche Glaubenserfahrungen

Gruppe 4:   Verkündigungs-Teil

Gruppe 5:   Zeichenhandlung / Abendmahl / Segen

Hilfestellungen und Anregungen für die Gruppen:

Gruppe 1: Raumgestaltung
Sitzordnung, Altar?, Blumenschmuck, Kerzen, Symbole, Liederbücher, Abendmahls-Vorbereitung (Wein? Brot oder Oblaten?), Raum-Atmosphäre, Beteiligung an den technischen Vorbereitungen für die Zeichenhandlung (Kontakt zu Gruppe 5 !)

Gruppe 2: Musik / Lieder / Gebete / Psalm-Lesung
Spielt jemand ein Instrument? Singgruppe als musikalische Eröffnung? Musikstück vom Band? Liederauswahl (insgesamt 6 Lieder): Welches Lied paßt zu welchem Teil des Gottesdienstes? Gebete: selber formulieren oder aus Gebetsbüchern aussuchen, Gebets-Kette am Schluß? Leitgedanken für die Fürbitte: Gaben und Aufgaben in unserer Gemeinde, Auswahl eines Psalms für den Eingangsteil des Gottesdienstes

Gruppe 3: Zeugnis-Teil
"Kleine Gaben - großer Segen": die Jünger haben nur 5 Brote und 2 Fische. Trotzdem bewirken sie damit sehr viel. Frage: Wo haben wir ähnliche Erfahrungen gemacht? Wo hat Gott eine kleine Gabe von uns (Fähigkeit, Unternehmung, Gespräch) benutzt, um unerwarteten Segen zu wirken? Wie können wir im Gottesdienst davon erzählen?

Gruppe 4: Verkündigungs-Teil
Vorschlag für ein verkündigendes Nacherzählen der Geschichte Mt. 14, 13 - 21 in 5 Wegstationen:

1. Der Hunger
Die Jünger werden vom großen Hunger der riesigen Menschenmenge überrascht. Um uns herum gibt es auch viel Hunger: nach Sinn, nach Nähe, nach Annahme, nach Liebe, nach Gespräch, nach Heilung, nach Vergebung, nach Gerechtigkeit - und in allem versteckt: Hunger nach Gott.

2. Das Verschiebespiel
Die Jünger sehen sich überfordert. Sie wollen das Problem auf Jesus abschieben. Aber der macht dieses Verschiebespiel nicht mit. Er traut seinen Freunden mehr und Größeres zu als sie sich selbst: "Gebt ihr ihnen zu essen!" Was werden die Jünger jetzt tun?

3. Das Eingeständnis
Die Jünger entdecken ihre ganze Armut und gestehen sie Jesus ein. Sie schauen auf ihre 5 Brote und 2 Fische und wissen: was wir in Händen halten, reicht nicht. Unsere Gaben sind zu "mickrig" für die große Aufgabe.

Burghard Krause: Auszug aus dem Schneckenhaus, Aussaat Verlag

Beispiele für eine Übertragung: 5 Argumente und 2 Glaubenserfahrungen, 5 Gespräche und 2 freie Abende, 5 geistliche Bücher und 2 Gebetserhörungen - es reicht nicht, um davon noch an andere abzugeben und deren Hunger nach Leben und nach Gott zu stillen. Heilsames Eingeständnis der eigenen Ohnmacht: gerade den, der mit leeren Händen dasteht, will Jesus gebrauchen.

4. Die Hingabe

Jesus bittet seine Freunde: Legt das Wenige, was ihr habt, legt eure kleinen Gaben und geringen Möglichkeiten in meine Hand! Missionarisches Leben beginnt nicht mit dem Warten auf größere Gaben, sondern mit der Hingabe unserer kleinen Gaben an Jesus. Je mehr wir loslassen, ihm unsere Gaben zur Verfügung stellen, desto mehr kann er tun.

5. Der Segen

Jesus nimmt die Brote und Fische und dankt Gott dafür. In seinen Händen werden die Gaben gesegnet. Dann gibt Jesus sie an die Jünger zurück. Sie bekommen nicht mehr wieder, als sie ihm gegeben haben. Das Wunder ereignet sich erst, als sie den Glaubensschritt wagen, das Wenige an die vielen auszuteilen. Der große Segen wird erst dort erfahrbar, wo wir mit den von Jesus gesegneten kleinen Gaben tun, was er uns aufträgt. Im Teilen und Austeilen unserer Gaben werden wir selbst nicht ärmer, sondern reicher: 12 Körbe bleiben übrig - für jeden Jünger einer.

Anregungen für die Verkündigungsgruppe:

Wollen wir an den vorgegebenen Leitfaden der 5 Schritte anknüpfen? Wo möchten wir eigene und andere Auslegungs-Akzente setzen? Soll nur einer/ eine oder sollen mehrere die Geschichte verkündigend nacherzählen (z. B. 5 Personen je eine Wegstation)? Wo können wir persönliche Lebenserfahrungen und aktuelle Ereignisse aus Kirche und Gesellschaft in unsere "Predigt" einbeziehen? Wollen wir in den Verkündigungs-Teil "Bienenkorb-Gespräche" einbauen und damit auch die anderen an der Auslegung beteiligen? Wenn ja, wo und mit welchen Impulsfragen?

Gruppe 5: Zeichenhandlung / Abendmahl / Segen

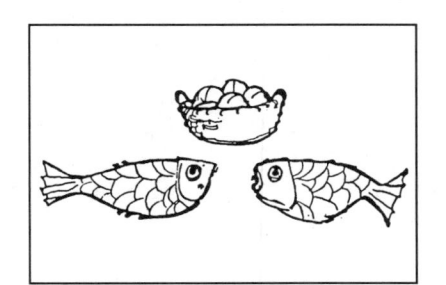

Zum Abendmahl: in welcher Form soll es gefeiert werden? Welche Bezüge zur Speisungsgeschichte können in die Abendmahlsfeier einfließen? Zu den Einsetzungsworten: Brauchen wir Hilfe durch die Workshop-Leitung? Zum Segen: Wählen wir eine agendarische oder eine freie Formulierung?

Vorschlag zur Zeichenhandlung: Jeder Gottesdienstteilnehmer findet auf dem Platz ein aus Karton ausgeschnittenes *Fisch- und Brot-Symbol* und ein Schreibgerät. Alle werden gebeten, auf die Symbole eine oder mehrere kleine Gaben aufzuschreiben, die sie Gott mit der Bitte um seinen Segen in die Hand legen wollen. Wer mag, kann den anderen dabei mitteilen, was er/sie aufgeschrieben hat. Die Symbole werden in einem Korb gesammelt. Über dem Korb wird ein Gebet um Segnung der kleinen Gaben gesprochen.

IV-30

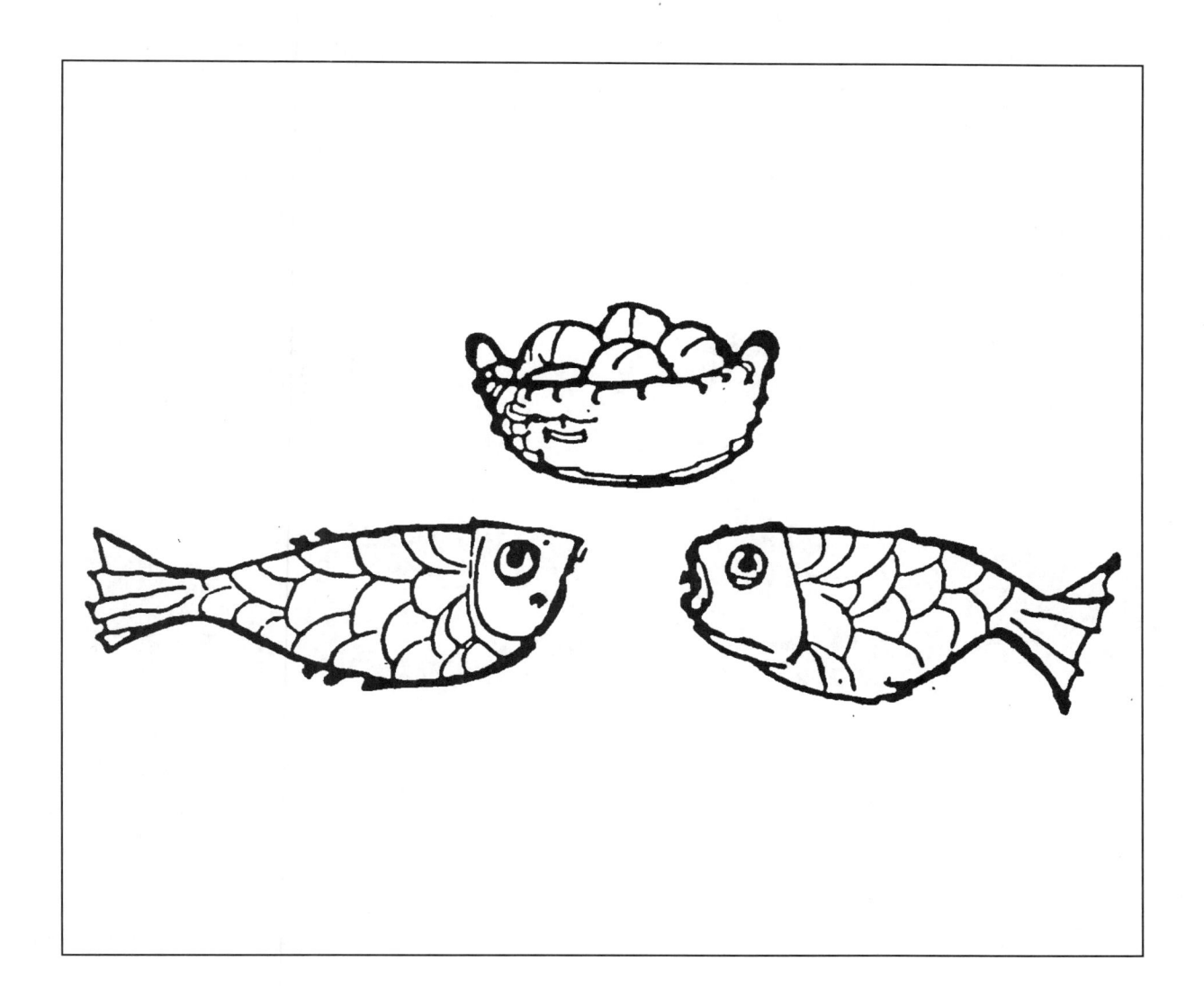

Burghard Krause: Auszug aus dem Schneckenhaus, Aussaat Verlag

V-1

aus: Pfarrbrief-Materialdienst "image". Bergmoser + Höller Verlag, Aachen. Vervielfältigung nur im Rahmen des Aufbau-Kurses von Burghard Krause: Auszug aus dem Schneckenhaus, Aussaat Verlag

Burghard Krause: Auszug aus dem Schneckenhaus, Aussaat Verlag

Erfahrungen mit dem Gottesdienst

Notieren Sie am rechten Rand des Textes durch Zeichen,
ob Sie der jeweiligen Aussage zustimmen oder nicht:

> \+ = das erlebe ich in unserem Gottesdienst auch so
> -- = das erlebe ich anders als im Text beschrieben

Es ist Sonntag morgen, kurz vor zehn. Die Glocken läuten. Ich habe mich entschlossen, heute den Gottesdienst zu besuchen. Besuchen? Richtig, sobald ich die Kirche betrete, bin ich Besucher; allenfalls Gast. Vom Küster höflich begrüßt und mit einem devot dargereichten Gesangbuch ins Innere gewiesen. Dort sind schon andere Gäste; die meisten kenne ich nicht näher, einige flüchtig. Es fällt mir auf, daß offenbar nur wenige von ihn gerne beieinander sind. Man hält auf Distanz. Von Gast zu Gast sind oft mehrere Plätze, hier und da sogar ganze Bankreihen Abstand. Jeder sitzt still für sich. Ab und zu unterdrücktes Geflüster, aber es wirkt eher ein wenig peinlich. Da mich keiner der anderen Gäste ansieht oder gar mit einem freundlichen Wort einlädt, neben ihm Platz zu nehmen, tue ich es ihnen nach und setze mich irgendwo im hinteren Drittel separat. Obwohl der Raum erträglich geheizt ist, kann ich mich nicht entschließen, den Mantel auszuziehen. Er gibt mir irgendwie ein Gefühl der Sicherheit. Nur ja niemandem zu nahe treten. Ich bin ja immerhin nur Gast hier, Besucher, Gottesdienstbesucher. Wohlgelitten, sicher, aber zu Hause? Nein, zu Hause bin ich hier nicht. Dort werde ich zwar nicht immer höflich, aber zumindest immer herzlich begrüßt. Der Mantel bleibt im Flur, und die Stühle werden alsbald zusammengerückt. Wir sind dort aneinander interessiert, nehmen Anteil an dem, was den anderen bewegt. Aber hier im Gottesdienst nimmt niemand Anteil, so scheint es jedenfalls.

Die Glocken verstummen; der Gottesdienst beginnt. Ein wenig Theaterflair steht im Raum. Die Orgel setzt brausend zur Ouvertüre an; ein unsichtbarer Vorhang geht hoch und gibt den Blick auf das Geschehen frei. Die Pfarrer betritt die Szene, gefolgt von ein paar diensttuenden Presbytern. Was vorher noch hier und da Getuschel war, verstummt nun gänzlich in ehrfurchtsvoller Erwartung. Seit meiner Konfirmandenzeit hat sich nichts geändert. So wie ich im Laufe der Jahrzehnte hier nur Besucher geblieben bin, so ist das, was nun "Im Namen des Vaters..." beginnt, offenbar nur Veranstaltung. Irgend jemand - der Pfarrer?, die Gemeinde?, "die Kirche"? - veranstaltet jetzt etwas. Die Veranstaltung besteht darin, daß etwas dargeboten wird. Den Namen des Darbietenden habe ich tags zuvor der Lokalzeitung entnommen. Man will wissen, was einen erwartet. Es gibt da offenbar unterschiedliche Qualitäten.

Es gibt da offenbar, wie anderswo auch, sowohl glänzende als auch mäßige Darbietungen; Spitzenleistungen, Reinfälle, Durchschnittliches; offenbar auch hier Tiefes und Triviales, Bedeutendes und Belangloses, Ergriffensein und Achselzucken. Aber - ob so oder so - ich bleibe Besucher, Zuhörer, gelegentlich Zuschauer, dem etwas dargeboten wird. Dem Darbietenden gehört die Bühne, mir bleibt das Parkett.

Die "Eingangsliturgie" - so haben wir es damals gelernt. Die Melodien noch dieselben wie vor dreißig Jahren. Oder vor dreihundert? Ich weiß es nicht. Vertraute Töne mittlerweile. Nein, vertraut eigentlich nicht, nie gewesen. Vertrautes kommt mir von selber in den Sinn oder geht mir einfach nicht mehr aus dem Kopf - ob beim Stadtbummel oder in der Badewanne, ob gesungen, gesummt oder gepfiffen. Aber diese Töne hier sind mir noch nie von selber in den Sinn gekommen oder gar aus dem Kopf gegangen. Ich habe sie noch nie woanders gesungen, gesummt oder gepfiffen. Nein, nicht eigentlich vertraut sind sie mir, sondern bestenfalls gewohnt. Ich habe mich im Laufe der Jahre an sie gewöhnt, das mag wohl sein. Vertraut ist mir auch der Ablauf des Ganzen immer noch nicht. Gewohnt sicher auch das; in vielen Jahren irgendwie eingeschliffen: Ehr`sei dem Vater... Schuldbekenntnis... Gnadenzuspruch... Halleluja... Schriftlesung... Glaubensbekenntnis... Lied vor der Predigt. Die Stationen kenne ich wohl, aber sind sie mir deshalb vertraut? Was ist der Sinn ihrer so festgelegten Abfolge? Warum Schuldbekenntnis vor dem Evangelium und nicht umgekehrt? Warum mittendrin und unvermittelt: "Der Herr sei mit euch", wie ein mit viertelstündiger Verspätung nachgeschobener Gruß des Pfarrers, dem die Gemeinde dann mit "Und mit deinem (oder seinem) Geist" (da ist man sich nicht so ganz sicher) antwortet. Was hat es mit den vielen Bibelworten auf sich, die da lobend, dankend, erhebend, ermahnend und belehrend über mich hinwegrauschen, von denen ich keins behalten werde? Pfarrer, Organist und Gottsdienstbesucher eilen in einem ziemlich atemberaubenden Tempo durch ein auf etwa zwanzig Minuten angelegtes geistliches Wechselbad von Zerknirschtsein und Jubel... Hier und da habe ich den Eindruck, durchaus einsteigen zu können, fühle mich in einer Gebetsformulierung angesprochen, singe einen Liedvers von Herzen mit. Aber man läßt mir keine Ruhe, mich auf das eine oder andere wirklich einzulassen. Beim Glaubensbekenntnis mit seinen vielen schwergewichtigen Aussagen habe ich größte Konzentrationsschwierigkeiten, begleitet von Anflügen schlechten Gewissens. Irgendwie ein bißchen Aufatmen, sobald das Lied vor der Predigt erreicht ist. Ende einer hastigen Pflichtübung, die mich im Grunde kalt gelassen hat...

Die Predigt! Ein interessanter Text, so scheint es beim ersten Hören. Leider bleibt es auch das letzte. Zu dumm, daß ich keine Bibel dabei habe. Ich würde diesen oder jenen Vers gerne noch einmal hören, selber in Ruhe wahrnehmen, was da nun eigentlich wirklich steht.

Verschiedene Motive des Textes scheinen in der Predigt durchaus anzuklingen, aber ich bin der Auslegung des Predigers doch ziemlich ausgeliefert... Man müßte wenigstens einmal zwischenfragen, eigene Textbeobachtungen einbringen können; doch die Darbietung darf nicht unterbrochen werden. Fairerweise muß ich sagen, daß sich der Prediger redliche Mühe gibt. Aber vieles von dem, was er sagt, wirkt merkwürdig allgemein, unkonkret, greift nicht. Vielleicht will er für möglichst viele sprechen und erreicht am Ende gar keinen. Das dort oben auf der Kanzel Dargebotene, diese in makelloses Deutsch gegossene Meisterleistung an rechtschaffener Theologie und sanfter Aktualität, zusätzlich entrückt durch pastorales Gehabe, Talar und Mikrophon - bei allem Respekt, ich habe nicht den Eindruck, als ginge es hier um etwas außerordentlich Wichtiges, gar Lebensnotwendiges.

Später, auf dem Nachhauseweg, werde ich mich nur noch mühsam an allenfalls vereinzelte Gedanken erinnern können. "Der Glaube kommt aus der Predigt", auch das habe ich gelernt. Ob der Apostel dabei an diese Art der Darbietung gedacht hat?

Wie an jedem soundsovielten Sonntag im Monat wird die Gemeinde auch heute zur "Feier des Heiligen Abendmahls" eingeladen. Schon als Konfirmand habe ich das Wort "Feier" in diesem Zusammenhang nicht verstanden. Ich dachte dann meist an meine Geburtstagsfeier und an das Gartenfest, als Vater sein 25jähriges Betriebsjubiläum feierte. Im Unterricht haben wir dann auch biblische Geschichten kennengelernt, in denen feste gefeiert wurde: die Hochzeit zu Kana, das Gleichnis vom verlorenen Sohn und das vom großen Gastmahl. Ob es da überall auch so feierlich zugegangen sein mag wie heute morgen bei der Abendmahlsfeier? Oder ob Jesus mit seinen Worten "Solches tut zu meinem Gedächtnis" gar nicht an eine Feier gedacht hat? Oder ob am Ende Feier und Feier zweierlei ist? Feier, Feierlichkeit, Fest, Fete. Worum geht es hier eigentlich? Während meine Fragen zur "Feier des Heiligen Abendmahls" wieder einmal nicht beantwortet werden, hat die Orgel längst ein paar unendlich traurige, fast trostlose Melodien intoniert. Etliche Gottesdienstbesucher bequemen sich nach und nach zu lustlosem Gesang. Dann wieder von vorne große, schwere, dunkle Worte, deren Sinn ich so schnell nicht begreifen kann. Ein Satz bleibt hängen: "Das Abendmahl", so sagt der Pfarrer, "stiftet Gemeinschaft mit Christus und auch untereinander"... "Gemeinschaft auch untereinander" - da bin ich nun regelrecht gespannt. Wir werden aufgefordert, "in Gruppen" nach vorne zu kommen... Alle stehen gesenkten Gesichts. Wer sich links und rechts neben mir befindet, kann ich nicht erkennen. Erst bei der Weitergabe des Brottellers bemerke ich den blauen Lodenstoff des Ärmels, der zu dem Mantel in der Bankreihe vor mir zu passen scheint. Unablässiges Gemurmel: "Für dich..., für dich..., für dich...". Große Beklommenheit. Nicht auszudenken, wenn jetzt einmal irgendetwas schiefgehen sollte...

Burghard Krause: Auszug aus dem Schneckenhaus, Aussaat Verlag

Die "Schlußliturgie". Die Abkündigungen wirken ansprechend. Donnerstag, 15 Uhr, Frauenhilfe. Damit kann ich halbwegs etwas anfangen. "Es verstarb und wurde mit dem Bekenntnis...": Heinz Spöltmann, 43 Jahre. Mein Gott, etwa mein Alter. Wer mag das gewesen sein? Und warum so früh? Unfall? Krebs? Selbstmord? Die Gedanken schwirren wie schwarze Schatten durch meinen Kopf. Als ich wieder da bin, wo ich sitze, wird gerade der Kollektenzweck bekanntgegeben: Fahrzeughilfe Osteuropa. Es werden aus einem "Empfehlungsheftchen" ein paar Sätze verlesen über Schwierigkeiten der Gemeindebetreuung und irgendwelche Brüder und Schwestern. Aber alles bleibt blaß... Wenn die Lage dort drüben wirklich so bedrängend ist, müßte es jetzt nicht wie eine Bewegung durch die hier versammelte Gemeinde gehen? "Wenn ein Glied leidet, leiden die anderen mit", fällt mir ein. Hier im Gottesdienst leidet keiner mit, jeder kramt in seiner Geldbörse. - Wir erheben uns zur Fürbitte: für die Trauernden, für die Unterdrückten, für die Verfolgten, für die Verantwortlichen in Kirche, Gesellschaft und Politik. Ich würde jetzt gerne für Tante Hedwig beten, die wir letzte Woche mit Angst und Bangen ins Altersheim gebracht haben, oder für den schwarzen Pastor in Pretoria, von dem sie gestern im Fernsehen sagten, er sei verhaftet worden.

Aber man läßt mir keinen Atem. Die Fürbitte: kein inständiges Flehen, kein Bitten, Suchen und Anklopfen, um dessen "unverschämten Geilens willen" etwas im Himmel in Bewegung kommt. Hier scheint vielmehr einmal wieder etwas "abzulaufen" - eine langweilige Litanei unangreifbarer Allgemeinrichtigkeiten. Vaterunser und Segen.

Orgelnachspiel und hastiger Aufbruch. Man strebt ins Freie... Kopf und Herz sind vollgestopft mit einem Knäuel an Fragen, Einwänden, Unklarheiten, Zweifeln und Frust. Ich möchte mit jemandem darüber reden... Vielleicht liegt ja alles einzig und allein an mir. Vielleicht ist es ja anderen anders ergangen, und sie können mir helfen... Aber ich bleibe allein. Ach, ich vergaß: Die anderen sind hier ja auch nur Gäste gewesen, Gottesdienstbesucher wie ich. Für etwa eine Stunde waren wir auf Distanz eine lose Ansammlung von Teilnehmern an einer - verglichen mit, sagen wir einmal: Mieterversammlung - im großen und ganzen doch ziemlich belanglosen Veranstaltung. Wessen wir hier Zeuge geworden sind, wird nach menschlichem Ermessen keinen der Besucher über diese Stunde hinaus beschäftigen oder gar umtreiben. Der schale Alltag hat mich wieder, mitten am hellichten Sonntag, ein paar Schritte vor der Kirchentür.

Text aus:
Okko Herlyn, Theologie der Gottesdienstgestaltung, Neukirchen-Vluyn 1988, 9ff

Burghard Krause: Auszug aus dem Schneckenhaus, Aussaat Verlag

V-3

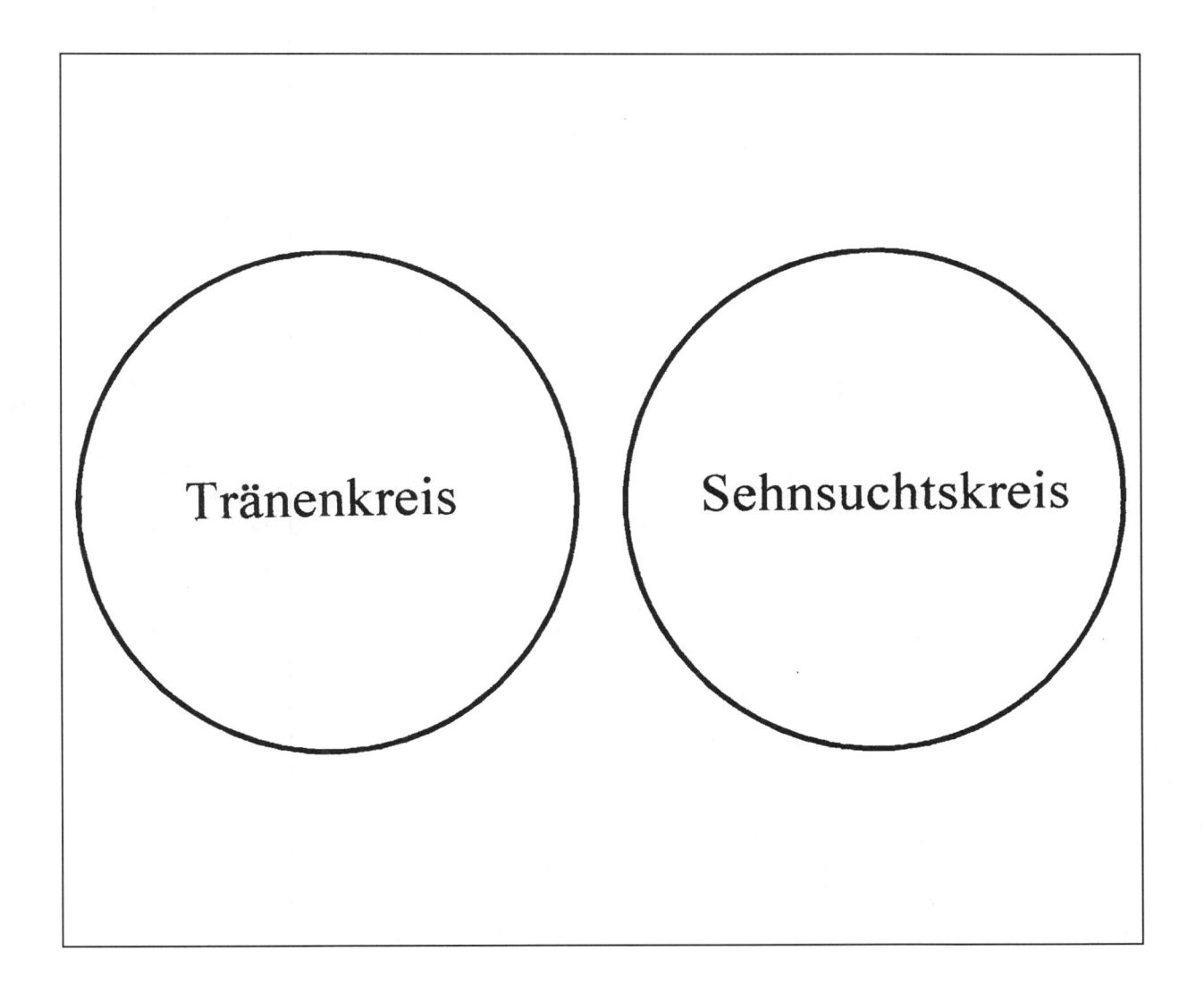

Tränenkreis   Sehnsuchtskreis

Burghard Krause: Auszug aus dem Schneckenhaus, Aussaat Verlag

Grundstruktur des Gottesdienst-Ablaufs

A Mit Leib und Seele ankommen	*Eröffnung und Anrufung*
B Die Botschaft wahr-nehmen	*Verkündigung und Bekenntnis*
C Miteinander ein Leib werden	*Abendmahl*
D Mit dem Segen weiter-gehen	*Sendung*

Burghard Krause: Auszug aus dem Schneckenhaus, Aussaat Verlag

Zum Rundgespräch im Plenum:

Wer entscheidet bisher in unserer Gemeinde über das,
was im Gottesdienst geschieht?

Wer in unserer Gemeinde ist bereit,
für den Gottesdienst Mitverantwortung zu übernehmen?

Wie läßt sich unter Gemeindegliedern
ein Interesse an solcher Mitverantwortung wecken?

Welche persönlichen Interessen einzelner
und welche "Machtstrukturen" in der Gemeinde
erschweren oder verhindern eine intensivere
Gemeindebeteiligung bei der Gestaltung der Gottesdienste?

Burghard Krause: Auszug aus dem Schneckenhaus, Aussaat Verlag

Gott kommt uns nah **Einladender Gottesdienst**	***Gott verbindet uns*** **Partizipatorischer Gottesdienst**
Gott sendet uns **Gottesdienst als Brücke zum Alltag**	***Gott befähigt uns*** **Gabenorientierter Gottesdienst**

Burghard Krause: Auszug aus dem Schneckenhaus, Aussaat Verlag

GRUPPE 1:
Gott kommt uns nah - Einladender Gottesdienst

*Wie kann der Gottesdienst die Festfreude des Evangeliums widerspiegeln?
Wie kann er Menschen neu zum Glauben einladen
und im Glauben vergewissern?
Wie kann er auch für Fernstehende wieder anziehend werden?*

GRUPPE 2:
Gott verbindet uns - Partizipatorischer Gottesdienst

*Wie kann im Gottesdienst teilgebende und
teilnehmende Gemeinschaft erfahren werden?
Wie könnte das im Gottesdienst konkret aussehen,
"Christus im Bruder und in der Schwester" zu entdecken?
"Leidet ein Glied, dann leiden alle mit;
freut sich ein Glied, dann freuen sich alle mit" -
Was bedeutet das für die Gottesdienstgestaltung?*

GRUPPE 3:
Gott befähigt uns - Gabenorientierter Gottesdienst

*Wie kann der Gottesdienst dem Wirken des Geistes Gottes
und der Entfaltung der Gaben Raum geben?
Wie erwirbt eine Gemeinde "liturgische Kompetenz"?
Wie kann die Gemeinde im Gottesdienst zum Subjekt der
Verkündigung werden und das Predigtgeschehen mitgestalten?*

GRUPPE 4:
Gott sendet uns - Gottesdienst als Brücke zum Alltag

*Wie kann im Gottesdienst von missionarisch-diakonischen
Erfahrungen der Gemeinde erzählt werden?
Wie wird der Gottesdienst zu einem Ort des Aufbruchs und der
Wegstärkung, der eine Gemeinde sendungstüchtig macht?
Gottesdienst als Brücke zum Alltag - was könnte das
insbesondere für den Schlußteil des Gottesdienstes heißen?*

Fragen zum Gespräch nach dem Film über die Thomas-Messe

* *Was hat Sie berührt an dieser Art Gottesdienst zu feiern?*

* *Was hat Ihnen an der Thomas-Messe nicht gefallen?*

* *Würden Sie nichtkirchliche Freunde zu einem solchen Gottesdienst einladen? An wen denken Sie dabei?*

* *Vergleichen Sie die Thomas-Messe mit den Kriterien für einen evangeliumsgemäßen Gottesdienst!*

* *Was denken Sie: Wie würde Ihre Gemeinde auf das Angebot einer Thomas-Messe reagieren?*

* *Könnten Sie sich vorstellen, sich mit anderen Christen aus Ihrer und aus anderen Gemeinden Ihrer Umgebung auf den Weg zu machen, um eine ähnliche Gottesdienstform zu entwickeln?*

    - Wenn ja: was wären Sie persönlich bereit, dafür zu investieren?
    - Wenn nein: warum nicht?

Burghard Krause: Auszug aus dem Schneckenhaus, Aussaat Verlag

Gründe für verschiedene Gottesdienstvorstellungen in der Gemeinde:

* *unterschiedliche Nähe zum Glauben und zur Gemeinde*

* *uneinheitliche Gottes- und Gemeinde-Bilder*

* *nicht deckungsgleiche religiöse Erwartungen an den Gottesdienst*

* *"Gemeindeaufbau contra Kirchenmusik":*
  Konflikt Pastor - Kantor

* *Heimat- / Fremdheitsgefühle gegenüber liturgischen Traditionen*

* *"Angst vor Wandel" bzw. "Freude an Veränderung"*

* *unterschiedliche Bedürfnisse nach*
  Nähe und Distanz zu Menschen

* *verschiedene Begegnungs-, Sprach- und Musik-Kulturen*

* *auseinanderklaffende Lebenswelten (Alter, soziale Stellung)*

* *geschlechtsspezifische Unterschiede:*
  Frauen- und Männer-Erwartungen an den Gottesdienst

Burghard Krause: Auszug aus dem Schneckenhaus, Aussaat Verlag

Wie kommt es zur Erneuerung des Gottesdienstes in einer Gemeinde?

Unterschiede wahrnehmen, ernstnehmen, annehmen
Nur was angenommen ist, läßt sich auch verändern!

Die Teil-Wahrheiten der unterschiedlichen
Gottesdienstvorstellungen gelten lassen

Den Gottesdienst zum Thema der gottesdienstlichen
Verkündigung und des innergemeindlichen
Gesprächs machen (Kirchenvorstand, Gruppen und Kreise)

Machtkämpfe vermeiden

Nach Kriterien für die Gottesdienstgestaltung suchen,
denen sich möglichst viele unterstellen:
Es geht nicht um die Alternative "Traditionell oder modern?",
sondern um die Frage: Welchen Gott feiern wir in unserer Mitte?
Welche Gottesdienstesgestalt entspricht dem Inhalt des Evangeliums?

Eine "ProGottesdienst"-Gruppe ins Leben rufen,
in der Christen miteinander für eine Erneuerung
des Gottesdienstes beten und Ideen entwickeln

Folgende "Fallen" vermeiden:
Alles oder nichts
Alles sofort
Alles mit allen

Leitgedanke jeder Gottesdienst-Erneuerung:
Verbindung von Kontinuität (wiedererkennbare Grundstruktur)
und Variabilität (lebendige Ausgestaltung)

Burghard Krause: Auszug aus dem Schneckenhaus, Aussaat Verlag

Anregungen zur Verlebendigung des Gottesdienstes

Raum	* *Läßt sich die Sitzordnung verändern?* * *Welcher Kirchenschmuck (Symbole) kann helfen, sich mit Leib und Seele vor Gott einzufinden?* * *Steht der Altar in Gemeindenähe?* * *Gibt es Alternativen zur "Hochsitz-Kanzel"?* * *Sind Akustik und Heizung optimal?* * *Finden (neue) Gottesdienstteilnehmer am Eingang ausreichend Info-Material zu Gemeindeangeboten?* * *Gibt es einen Büchertisch im Eingangsbereich?* * *Sollte im Eingangsbereich eine Ausstellung über besondere Gemeindeaktivitäten informieren?* * *Läßt sich der Eingangsbereich zum Foyer für Begegnung nach dem Gottesdienst umgestalten?* * *Gibt es andere Räume für das Angebot eines "Kirchen-Cafés" nach dem Gottesdienst?*
Zeit	* *Entspricht die Gottesdienstzeit dem Lebensrhythmus der Menschen?* * *Sollte der Gottesdienst zu bestimmten Jahreszeiten auf den Abend verlegt werden?* * *Läßt sich die beste Zeit durch Umfrage ermitteln?* * *Wann ist die beste Zeit für den Kindergottesdienst?* * *Wie lange darf ein Gottesdienst dauern?*
Begrüßung	* *Wer begrüßt die Gottesdienstteilnehmer am Eingang?* * *Wie werden Gäste im Gottesdienst begrüßt?* * *Sollten Geburtstagskinder bedacht werden?* * *Welche Rolle spielen im Begrüßungsteil: Kirchenjahr und aktuelle Ereignisse?* * *Sollen sich die Gottesdienstteilnehmer gegenseitig begrüßen?* * *Sollten im Begrüßungsteil neue Lieder gelernt werden?* * *Ist der Begrüßungsteil besser für Bekanntmachungen geeignet als der Schlußteil des Gottesdienstes?*

Liturgie	* Wie kann die Eingangsliturgie für alle verstehbarer werden? * Sollte der Pfarrer einen schwarzen oder einen weißen Talar tragen? * Liegt auf den Bänken ein "Gottesdienst-Fahrplan" aus? * Welche Hilfen bietet die "Taizé-Tradition" für die Gestaltung der Liturgie? (Kyrie-Litanei) * Sollte die Gemeinde Psalm-Gebete im Wechsel sprechen? * Gibt es Alternativen zum Credo (in Lied- oder Textform)? * Sollte das Sündenbekenntnis erst nach der Predigt kommen?
Lesungen	* Wer liest? Laien oder Pastor? * Gibt es Lesebegabungen in der Gemeinde? * Sollten die Lesungen reduziert werden? * Welche Bibel-Übersetzung eignet sich? * Wie kann durch kurze Fährten der Kontext erläutert werden? * Wie lassen sich Lesung und Predigt(text) sinnvoll aufeinander beziehen? * Sollten die Gottesdienstbesucher - wie in den Kirchen der 3. Welt üblich - ihre Bibeln zum Gottesdienst mitbringen?
Lieder	* Wer wählt die Lieder aus? * Werden die "Schätze" des neuen Gesangbuchs berücksichtigt? * Werden Lieder aus der Ökumene gesungen? * Alte und neue Lieder: stimmt die Mischung? (Stichwort: versöhnte Vielfalt) * Welche Instrumentalbegleitung gibt es? * Wird Chorarbeit nur vom Organisten bzw. Kantor angeboten? * Gibt es Jugend- oder Gospelchor-Initiativen? * Wird die Musikkultur junger Leute ausreichend berücksichtigt? * Ist "Köpersprache" beim Singen zugelassen (klatschen, aufstehen, sich bewegen)? * Werden Kanons gesungen? * Werden musikalische Talente in der Gemeinde durch Gemeinde-Initiativen gefördert?

Burghard Krause: Auszug aus dem Schneckenhaus, Aussaat Verlag

Verkündigung	* Gibt es vor der Predigt ein Fürbittengebet für den Prediger? * Gibt es Verkündigungs-Einstiege wie: Fährte eines Laien, Anspiel, Bildmeditation? * Thematische Predigtreihen statt Perikope? * Liedpredigten mit gesungenen Versen dazwischen? * Dürfen Laien in der Gemeinde predigen? * Wird die Lektoren-Arbeit intensiv gefördert? * Gibt es die Möglichkeit, im Gottesdienst von persönlichen Glaubenserfahrungen zu erzählen? * Wird die Gemeinde am Verkündigungsgeschehen beteiligt? (z. B. "Bienenkorb", Gesprächsgottesdienst nach der Wink-Methode, Bibel-Teilen) * Wird im Verkündigungsteil auf eine "inklusive Sprache" geachtet?
Abendmahl	* Abendmahl im Gottesdienst: wie oft? * Brot oder Oblaten? Wein oder Traubensaft? * Gesungene oder gesprochene Liturgie? * Karfreitags- oder Osterstimmung? Wie beeinflußbar? * Sind Laien bei der Austeilung beteiligt? * Wird während der Austeilung gesungen? Was? * Steht man im Kreis oder in Reihen? * Welche Worte werden beim Weiterreichen von Brot und Wein gesprochen? * Gibt es einen Friedensgruß? * Wie geht man mit Kindern beim Abendmahl um? (Kinderabendmahl? Kindersegnung?) * Wird Behinderten ausreichend Hilfe angeboten?
Fürbitte	* Dürfen Laien das Fürbitten-Gebet gestalten? * Werden Gemeindegruppen beteiligt? * Zeigt die Fürbitte Mut zur Konkretion? * Hat sie ausreichend Lokalkolorit? * Ist ihr das Bewußtsein der weltweiten Verbindung zu den Christen der Ökumene abzuspüren? * Enthält sie versteckte Selbstaufforderungen: (O Herr, laß uns doch...)? * Werden Gebetsanliegen aus der Gemeinde aufgenommen? (mit Zetteln oder mündlich?) * Wird namentlich für die Kranken gebetet? * Gibt es eine Gebetswand mit Fürbitten-Anliegen? * Enthält der Fürbitten-Teil Raum zur Stille für persönliche Anliegen der einzelnen? * Gibt es freies Gebet (Gebets-Kette)?

Burghard Krause: Auszug aus dem Schneckenhaus, Aussaat Verlag

Abkündi-gungen	* Lieblose Bekanntmachung oder werbende Einladung? * Vorstellung von Gemeindegruppen oder -Initiativen? * Ausreichende Information über Kollektenzweck?
Segnung	* Gibt es im Gottesdienst das Angebot persönlicher Segnung (mit Handauflegung)? * Werden Mitarbeiter/innen für bestimmte Dienste und Funktionen gesegnet? * Werden Kinder- und Elternsegnungen angeboten? * Sind Laien an Segenshandlungen beteiligt? * Werden Kranke, Mühselige und Beladene zu besonderen Segnungen eingeladen? * Gibt es Krankensalbungen? * Besteht während des Gottesdienstes oder danach ein Seelsorgeangebot?
Sendung	* Wird die Sendung der Gemeinde in den Alltag konkret oder bleibt sie floskelhaft? * Gibt es Sendungen einzelner Gemeindeglieder in bestimmte Aufgabenfelder? * Gibt es eine Art "Laien-Ordination" für innergemeindliche Aufgaben? * Werden Menschen aus der Gemeinde zu Diensten in Übersee ausgesandt?

Burghard Krause: Auszug aus dem Schneckenhaus, Aussaat Verlag

Die Sieben-Schritte-Methode

1. Schritt: *Wir laden den Herrn ein.*	Der/ die Leiter/in bittet darum, daß jemand aus der Gruppe in einem freien oder vorformulierten Gebet Gott/Jesus einlädt; andere können sich mit einem Gebet anschließen.
2. Schritt: *Wir lesen den Text.*	Der Text wird reihum Vers für Vers gelesen. Danach folgt eine kurze Zeit der Stille und Besinnung.
3. Schritt: *Wir verweilen beim Text.*	Die Teilnehmer/innen lesen nacheinander ein Wort oder eine Wendung des Textes laut vor, die ihnen bedeutsam erscheinen. Nach jeder Äußerung wird Stille gehalten, in der jede(r) das Gehörte innerlich wiederholt, damit es "einsickern" kann.
4. Schritt: *Wir schweigen.*	Der Leiter / die Leiterin lädt zum Schweigen ein (ca. 3 Minuten). Nun ist Zeit zum Meditieren des Gehörten oder einfach zur inneren Öffnung Gott gegenüber.
5. Schritt: *Wir teilen einander mit, was uns berührt hat.*	Alle teilen einander mit, was sie persönlich am Text bewegt und betroffen macht. Beziehungen zwischen dem Gehörten und den eigenen Lebenserfahrungen werden hergestellt. Keine "Predigt", keine Diskussion oder Wertung der einzelnen Beiträge!
6. Schritt: *Wir besprechen, was der Herr von uns will.*	In diesem Schritt werden gemeinsam praktische Konsequenzen aus dem Gehörten gezogen. Im Licht des bedachten Zuspruchs und Anspruchs Gottes werden Alltags- und Gemeindeprobleme angesprochen, Vorschläge zur Umkehr und zum Tun gemacht. Die als Wille Gottes benannten Vorhaben sollten realisierbar sein. Beim nächsten Treffen erzählen sich alle davon, wie es ihnen mit ihren Vorhaben erging.
7. Schritt: *Wir beten.*	Der / die Leiter/in lädt nun alle zum Gebet ein. Die Teilnehmer/innen können sich am spontanen, freien Gebet (laut oder leise) beteiligen. Am Schluß wird ein bekanntes Gebet gemeinsam gesprochen bzw. ein Lied gesungen.

Burghard Krause: Auszug aus dem Schneckenhaus, Aussaat Verlag

Viel Glück und viel Segen
auf all deinen Wegen...
Gesegnete Mahlzeit - gesegnete Weihnachten
Kindersegen - Erntesegen
gesegnetes Alter
Sich regen bringt Segen
der Haus-Segen hängt schief
Meinen Segen hast du
Darauf ruht kein Segen

Burghard Krause: Auszug aus dem Schneckenhaus, Aussaat Verlag

Gott, dein guter Segen

1. Gott, dein guter Segen ist wie ein großes Zelt,
hoch und weit, fest gespannt über unsre Welt.
Guter Gott, ich bitte dich: SCHÜTZE UND BEWAHRE MICH.
Laß mich unter deinem Segen leben
und ihn weitergeben.
Bleibe bei uns alle Zeit,
segne uns, segne uns, denn der Weg ist weit,
denn der Weg ist weit.

2. Gott, dein guter Segen
ist wie ein helles LICHT,
leuchtet weit, alle Zeit
in der Finsternis.
Guter Gott, ich bitte dich:
LEUCHTE UND ERHELLE MICH...

3. Gott, dein guter Segen
ist wie des Freundes HAND,
die mich hält, die mich führt
in ein weites Land.
Guter Gott, ich bitte dich:
FÜHRE UND BEGLEITE MICH...

4. Gott, dein guter Segen
ist wie der sanfte WIND,
der mich hebt, der mich trägt
wie ein kleines Kind.
Guter Gott, ich bitte dich:
STÄRKE UND ERQUICKE MICH...

5. Gott, dein guter Segen
ist wie ein MANTELKLEID,
das mich wärmt und beschützt
in der kalten Zeit.
Guter Gott, ich bitte dich:
TRÖSTE UND UMSORGE MICH...

6. Gott, dein guter Segen
ist wie ein weiches NEST.
Danke, Gott, weil du mich
heute leben läßt.
Guter Gott, ich danke dir:
Deinen Segen schenkst du mir.
Und ich kann in deinem Segen
leben und ihn weitergeben.
Du bleibst bei uns alle Zeit,
segnest uns, segnest uns,
denn der Weg ist weit.

*Der Herr sei vor dir,
um dir den rechten Weg zu zeigen.
Der Herr sei neben dir,
um dich in die Arme zu schließen
und dich zu schützen.
Der Herr sei hinter dir,
um dich zu bewahren vor der Heimtücke böser Menschen.
Der Herr sei unter dir,
um dich aufzufangen, wenn du fällst,
und dich aus der Schlinge zu ziehen.
Der Herr sei in dir,
um dich zu trösten, wenn du traurig bist.
Der Herr sei um dich herum,
um dich zu verteidigen, wenn andere über dich herfallen.
Der Herr sei über dir,
um dich zu segnen.
So segne dich der gütige Gott.*

Burghard Krause: Auszug aus dem Schneckenhaus, Aussaat Verlag

Und sie brachten Kinder zu Jesus, damit er sie anrühre. Die Jünger aber fuhren sie an. Als es aber Jesus sah, wurde er unwillig und sprach zu ihnen: "Laßt die Kinder zu mir kommen und wehret ihnen nicht; denn solchen gehört das Reich Gottes. Wahrlich, ich sage euch: wer das Reich Gottes nicht empfängt wie ein Kind, der wird nicht hineinkommen". Und er herzte sie und legte die Hände auf sie und segnete sie.

Markus 10, 13 - 16

Segen - was ist das eigentlich?
Hilfen zu einer biblischen Grundorientierung

1. Aller Segen geht vom *Dreieinigen Gott* aus. Segen ist nach biblischem Verständnis immer an Gottes *Zusagen* und Gottes *Handeln* gebunden. D. h.: wen Gott segnet, zu dem nimmt er eine *Beziehung* auf. Segen ist keine "Sache", die von dieser Beziehung ablösbar wäre. Der Mensch ist dabei immer Empfangender. Segen ist und bleibt Gottes *freie Gabe*, über die wir nie verfügen (Abgrenzung gegen Magie).

2. Segen ist in der Bibel ein weitgespannter Begriff. Er ist *Ausdruck der Güte Gottes*, meint also alles *Gute*, was uns von Gott unverdientermaßen zukommt. *Segnen* bedeutet das *Zusprechen und Weitergeben von Gottes Güte* und seiner lebensentfaltenden Kraft an einen anderen Menschen. Der Segnende ist dabei lediglich der *Vermittler* zwischen Gott als dem Geber und dem anderen als Empfänger des Segens.

3. Gesegnete sind *Beschenkte des Dreieinigen Gottes*. Im Horizont des *ersten Glaubensartikels* heißt das: bereits meine *geschöpfliche Existenz* ist eine Segens-Gabe Gottes (Schöpfungssegen, vgl. 1. Mose 1, 28). Es ist ein Segen, daß ich da bin. Segen Gottes meint nicht nur etwas Vergeistigtes. Er kann auch leibliches *Wohlergehen* und *irdische Güter* einschließen. Nach der Erzählung vom Abrahams-Segen (1. Mose 12, 1 - 3) gehört zu den geschöpflichen Segnungen Gottes: *Lebensraum (Land), Gemeinschaft (Volk) und Ansehen (Namen)*.

4. Im Segen legt Gott seine Hand auf uns, läßt uns wissen, daß wir für immer zu ihm gehören. Im Horizont des *zweiten Glaubensartikels* heißt das: wir sind gesegnet, weil Gott sich mit uns im *gekreuzigten Jesus* für Zeit und Ewigkeit verbunden hat. Gesegnete stehen unter dem *Zeichen des Kreuzes Christi*. Das Wort "Segen" kommt vom lateinischen "signum" (= *Zeichen*). "Se signare" heißt: *sich bekreuzigen*, sich unter das Versöhnungs- und Segenszeichen Gottes stellen. Die *Taufe* als Segenszeichen ("Nimm hin das Zeichen des Kreuzes...") will uns im Glauben vergewissern, daß uns "nichts mehr scheiden kann von Gottes Liebe" (Röm. 8, 38) - auch nicht der Tod. Im Blick auf das Zeichen von Kreuz und Auferweckung können Christen *"das Zeitliche segnen"*, wenn sie von dieser Welt Abschied nehmen.

5. Segen (hebräisch: berakah) heißt: *mit heilvoller Kraft begaben*. Im Horizont des *dritten Glaubensartikels* meint das: im Segen Gottes wirkt sich die heilsame und heilende *Kraft des Geistes Gottes* in unserem Leben aus und befreit uns von Bindungen, Belastungen und Krankmachendem. Wer gesegnet wird, kommt unter den Einfluß von Gottes heilsamen und heilenden Möglichkeiten. Wer segnet, wird *durchlässig* für die schöpferische und verwandelnde Kraft des Heiligen Geistes (Bild der Röhre).

6. *Segen* und *Glück* schließen einander nicht aus, sind aber auch nicht einfach identisch. Glücklich sind wir meist, wenn unsere *Wünsche* in Erfüllung gehen. Segen dagegen meint: Gottes *Verheißungen* erfüllen sich in unserem Leben. Man darf Gottes *Segen nicht mit Leidfreiheit verwechseln*. Der Weg Jesu zeigt: ein von Gott reich gesegnetes Leben kann durchaus Leid, Entbehrung und Kreuz einschließen. Nicht selten sind sogar gerade gesegnete Menschen *gezeichnete* und *verwundete* Menschen. Das wird anschaulich in der Geschichte von *Jakob*, der mit Gott am Jabok um den Segen seines Lebens ringt (vgl. 1. Mose 32, 23 - 33). Jakob erfährt, daß ihm dabei "die Sonne" des Segens Gottes "aufgeht". Aber ihm wird bei diesem Kampf auch die "Hüfte verrenkt", so daß er anschließend hinkt. Er ist als *Gesegneter* zugleich ein *Gezeichneter*. Manchmal (sicher nicht immer) erfährt ein Mensch im Nachhinein, daß sein *Leidensweg* trotz aller bleibenden Fragen ein *Segensweg* war, und daß "denen, die Gott lieben, alle (auch die negativen) Dinge zum Besten dienen" können (Röm. 8, 28).

7. *Segen verpflichtet zum Teilen*. Wer Segen Gottes in Form von Glaube, Gesundheit, irdischem Wohlergehen oder Reichtum erfahren hat, ist als Segensempfänger zugleich zum *Segensträger* für andere berufen. "Keiner kann allein Segen sich bewahren. Weil Du reichlich gibst, müssen wir nicht sparen. Segen kann gedeihn, wo wir alles teilen, schlimmen Schaden heilen, lieben und verzeihn".

8. Das neutestamentliche Wort für "segnen" (eulogein / benedicere) meint: *gut von jemandem reden, jemanden loben und preisen*. Jesus mutet uns zu: "Segnet, die euch verfluchen" (Lk. 6, 28). Solche Segnung unserer "Feinde" *schützt* uns selbst vor ihren zerstörerischen Einflüssen *und bindet und entmachtet* negative Kräfte. Das Segnen der Feinde kann auch im *Verborgenen* und in der Abwesenheit unserer Gegner geschehen. Wo wir es wagen, Menschen, die uns nicht gut gesonnen sind, unter das Segens- und Versöhnungszeichen des Kreuzes Christi zu stellen, wo wir gut von denen reden, die über uns schlecht reden, wo wir denen Gutes wünschen, die uns "die Pest an den Hals" wünschen, da entwickeln sich segensreiche Versöhnungskräfte, die uns selbst und unsere Feinde verändern.

9. Es gehört zum Geschöpfsein des Menschen, daß er *Gott braucht*. In seinem Wunsch nach Segen zeigt der Mensch - manchmal unbewußt - seine *Gottesbedürftigkeit* an. Besonders an den *Schwellen und den Wendepunkten* seines Lebens wird er sich dieser Bedürftigkeit bewußt (Einsegnung, Aussegnung, Kinder-/Eltern-Segnung, Ordination, Kranken-Segnung). Das segnende Handeln der Gemeinde Jesu Christi in Situationen, wo Menschen nach Halt, Vergewisserung und Orientierung suchen, ist ein wichtiger und unverzichtbarer Dienst, den uns das Evangelium aufträgt. Wo wir ihn nicht allein den Hauptamtlichen überlassen, üben wir uns ein in das, was Luther das *"allgemeine Priestertum aller Gläubigen"* genannt hat.

10. Gottes Segen ist nicht von geistiger, geistlicher oder körperlicher Reife abhängig. Wo uns jemand für sich selbst oder andere um ein Zeichen des Segens Gottes bittet, dürfen wir es ihm nicht verweigern. Ob jemand des *Segens Gottes würdig* ist, braucht uns dabei nicht zu interessieren. Gott segnet nicht die *Würdigen*, sondern die *Bedürftigen*, die sich nach seinem Segen ausstrecken - wie die Frau, die nach Jesu Gewand greift. Wo wir im Namen Gottes einen Menschen segnen, überlassen wir ihn Gott und vertrauen auf Gottes Handeln an diesem Menschen. *Wie* und *wann* Gott durch unser Segnen handelt, ist seine Sache allein und für uns oft nicht ersichtlich.

VI-6

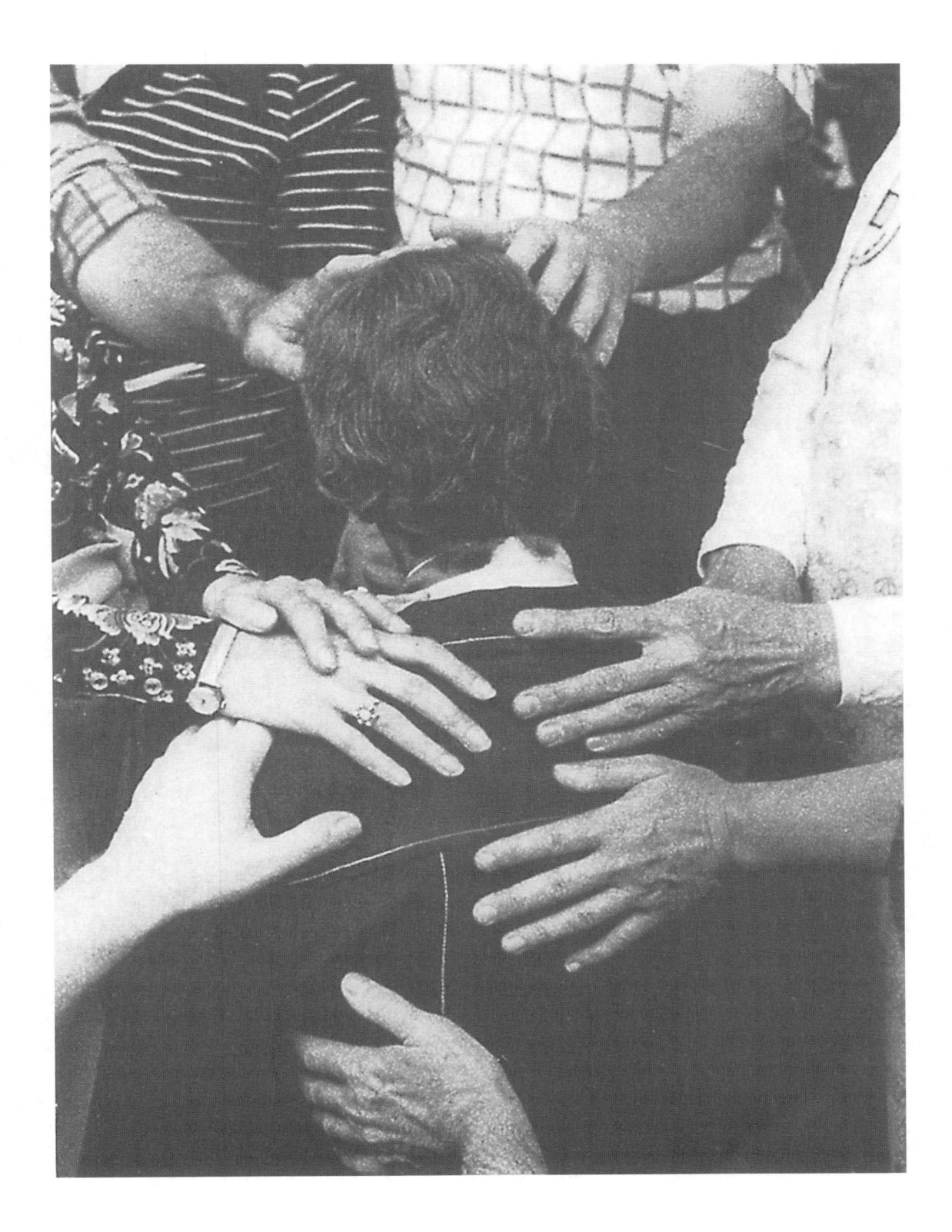

Burghard Krause: Auszug aus dem Schneckenhaus, Aussaat Verlag

Zur Praxis des Segnens

1. *Zum Segnen braucht es keine besondere Berufung oder Begabung. Jeder Christ, der Gottes segnender Kraft etwas zutraut, darf und kann andere segnen. Allerdings ist es hilfreich, wenn man selber schon einmal eine Segnung an sich erfahren hat, bevor man einen anderen Menschen segnet.*

2. *Es gibt ein "stilles Segnen": in Gedanken, im Gebet lege ich Gottes Segen auf einen Menschen, spreche ihm im Namen Jesu Christi etwas zu, ohne ihn direkt anzusprechen. Diese Segnungsart bietet sich immer dann an, wenn das Gegenüber nicht erreichbar ist und / oder durch eine "direkte" Segnung überfordert wäre.*

3. *Besonders alle Eltern sind eingeladen, ihre Kinder zu segnen - im Alten Testament eine häufige Praxis (vgl. 1. Mose 49: Jakob segnet seine Söhne). Das kann in einer "stillen Segnung" geschehen (Segnungsgebet über schlafendem Kind), durch einen direkten Zuspruch (z. B. beim Abschied) oder als Sterbesegen.*

4. *Wer um eine persönliche Segnung gebeten wird, kann die folgenden Schritte gehen:*

> * *Gemeinsames Lob Gottes (Psalm oder Lied)*
> * *Interview: Was bewegt dich? Wofür erbittest du Gottes Segen?*
> * *Gebet, das die Anliegen des anderen vor Gott trägt*
> * *Zuspruch eines Segenswortes*
> * *unter Handauflegung auf Kopf und /oder Schulter*

Die Handauflegung bringt zeichenhaft die Nähe und persönliche Zuwedung Gottes zu dem Segensempfänger zum Ausdruck. Dabei sollte ihm wie auch dem Segensvermittler bewußt sein, daß damit nicht im magischen Sinn irgendeine Kraftübertragung verbunden ist.

5. *Mit welchen Worten können wir segnen?*
   * *mit vorformulierten Worten (z. B. Bibel- oder Liedvers)*
   * *mit eigenen Worten*

   Bei freier Formulierung ist jeweils zu fragen:
   * *Was ist von Gott her verheißen?*
   * *Was kann ich im Moment selbst glauben?*
   * *Will ich im Konjunktiv ("Der Herr segne dich")*
     oder im Indikativ ("Der Herr segnet dich") reden?

Fragen für das Gruppengespräch:

* *Welche Arten des Umgangs mit persönlicher Schuld drücken die vier Bilder aus?*

* *Wo haben Sie bei sich selbst und / oder bei anderen solche Verhaltensweisen im Umgang mit Schuld schon beobachtet? Erzählen Sie Beispiele.*

* *Wie beurteilen Sie diese vier Versuche, mit eigenem Versagen umzugehen? Was klären sie? Was nicht? Welche Folgen haben sie?*

* *In Psalm 32, 3 heißt es: "Als ich es wollte verschweigen, verschmachteten meine Gebeine durch mein tägliches Klagen". Haben Sie bei sich oder anderen schon einmal erfahren, daß unbearbeitete Schuld krank machen kann?*

* *Was löst der folgende Text von Lothar Zenetti in Ihnen aus?*

> Umkehr
> Man hat doch nichts verbrochen
> Man ist ja auch nur ein Mensch
> Man lügt vielleicht schon mal
> Man muß sehen, wo man bleibt
> Man muß ja Rücksicht nehmen
> Man kann nicht wie man will
> Man kann nicht aus seiner Haut
> Man kann nicht alles wissen
> Man schlägt sich so durch
> Man kann nichts dafür
> Ich

BEICHTE

*Welche Gefühle, Assoziationen
oder Erfahrungen
verbinden Sie mit diesem Wort?*

Burghard Krause: Auszug aus dem Schneckenhaus, Aussaat Verlag

Zu einem evangelischen Verständnis der Beichte

1. Einladung zur Beichte ist *Anleitung zur Freude*. Denn die Beichte ist nicht Ausdruck einer ängstlich-kriecherischen Frömmigkeit, die um Gottes Güte buhlt, sondern ein Geschenk dieser Güte selbst. Wir *müssen* nicht beichten, *damit* Gott uns liebt. Wir *dürfen* beichten, *weil* er uns liebt (vgl. Röm. 8, 15; Lk. 15, 20ff; 1. Joh. 4, 17f). Beichten heißt: ehrlich werden vor Gott ohne Angst; heißt: erfahren, daß Gott mich ganz durchschaut und zugleich ganz bejaht.

2. In der Beichte geht es um das *Aussprechen von Sünde und Schuld* vor Gott und um die *Vergebung*, die Gott gewährt. *Sünde* ist nach biblischem Verständnis kein Moralbegriff, sondern meint eine *Beziehungsstörung* ("Sund") zwischen Gott und Mensch, ein *"In-sich-verkrümmt-Sein"* des Menschen (Luther), das zu einer *"Zielverfehlung"* seines Lebens, einer Entfremdung von Gott, den Mitmenschen und sich selbst führt. Im Kern ist Sünde *Mißtrauen Gott gegenüber*. Aus diesem Mißtrauen resultiert, daß der Mensch Gott aus dem Blick verliert, sich seinem Zuspruch und Anspruch entzieht und infolgedessen an Gott, anderen und sich selbst *schuldig wird*. So wie eine Erkältung zum Husten führt, so führt die *Krankheit des Mißtrauens (Sünde)* zu konkreter *Schuld*. Von Helmut Gollwitzer stammt der Satz: "Wir sind auf einen Lauf nach vorne mitgenommen, der uns den Atem verschlägt; Sünde = nicht mitkommen; Bitte um Vergebung = deswegen nicht abgehängt werden".

3. "Die Beichte begreift zwei Stücke in sich: das eine, daß man die *Sünden bekenne*, das andere, daß man die *Absolution oder Vergebung* vom Beichtige*r empfange* als von Gott selbst und ja nicht daran zweifele, sondern fest glaube, die Sünden seien dadurch vergeben, vor Gott im Himmel" (Martin Luther, Kleiner Katechismus). Im *Aussprechen* und *Namhaftmachen* konkreter Schuld vor Gott wird die bindende, zerstörerische und in die Einsamkeit treibende Macht der Schuld gebrochen (vgl. das Märchen vom "Rumpelstilzchen", wo der kleine teuflische Gnom seine Macht verliert, als jemand ihn beim Namen nennt).

Burghard Krause: Auszug aus dem Schneckenhaus, Aussaat Verlag

Im *Zuspruch der Vergebung* durch einen anderen Menschen *handelt Gott selbst*, der sich in seinem befreienden Wort an ein Menschenwort bindet (vgl. Mt. 16, 19; Joh. 20, 22f). Der Vergebungszuspruch ist ein *Lossprechen im Namen und in der Vollmacht Jesu Christi,* ein Befreiungsakt, bei dem die Person von ihrem (bösen) Werk getrennt wird. Wichtig ist nicht, welche *Gefühle* der bzw. die Beichtende nach der Absolution hat, sondern ob er / sie dem Vergebungszuspruch als dem verbindlichen Wort Gottes *glaubt*.

4. Der Auftrag Jesu, Menschen von ihrer schuldhaften Vergangenheit im Namen und in der Kraft Gottes zu "lösen", gilt nicht nur ordinierten Geistlichen (vgl. Jak. 5, 16). Er darf von *jedem Christen* wahrgenommen werden und ist Ausdruck des *"allgemeinen Priestertums aller Gläubigen".* "So werden wir allesamt durch die Taufe zu Priestern geweiht... Was aus der Taufe gekrochen ist, das mag sich rühmen, daß es schon zum Priester, Bischof oder Papst geweiht sei... Wenn dich dein Gewissen peinigt, so gehe zu einem frommen Mann, klag ihm deine Not; vergibt er dir die, so sollst du es annehmen, er bedarf dazu keines Papstes Bullen... Denn wem willst du dein Gebrechen klagen außer Gott? Wo kannst du ihn aber finden außer in deinem Bruder? Er kann dich mit Worten stärken oder helfen - das ist recht gebeichtet" (Luther).

5. Alles, was in einer Beichte geschieht, untersteht dem *"Beichtgeheimnis"*. Wer es bricht, mißbraucht das ihm entgegengebrachte Vertrauen. Sofern in einer Beichte Schuld bekannt wird, die der *zwischenmenschlichen oder juristischen Aufarbeitung* bedarf, sollte der Zuspruch der Vergebung mit Überlegungen und konkreten Vorschlägen verbunden werden, die zur *Bereinigung schuldhafter Vorgänge, zur Ausheilung von durch Schuld zerrissenen Beziehungen oder zur Übernahme notwendiger juristischer Konsequenzen* führen. Auch wenn uns Gott im Vergebungszuspruch von unserer schuldverhafteten Vergangenheit trennt, ist die Absolution keine Entlastung und Befreiung von notwendiger und möglicher Vergangenheitsbewältigung.

Jesus sagt zu seinen Jüngern:
"Nehmt hin den heiligen Geist!
Welchen ihr die Sünden erlaßt, denen sind sie erlassen.
Und welchen ihr sie behaltet, denen sind sie behalten".

*Können Sie sich vorstellen,
das, wozu Jesus hier seine Jünger beauftragt,
selbst auch zu tun?*

*Welche Einwände, Fragen oder Ängste
steigen in Ihnen bei diesem Gedanken auf?*

*Wie würden Sie reagieren,
wenn jemand bei Ihnen beichten möchte?*

Burghard Krause: Auszug aus dem Schneckenhaus, Aussaat Verlag

Vorschlag für eine einfache "Beicht-Liturgie"

- **Lesung:** *Psalm 32*

- **Gebet des / der Beichte-Hörenden:**
  Guter Gott, Vater im Himmel,
  Du kennst uns besser als wir uns selbst.
  Du durchschaust uns bis in unsere letzten Tiefen
  und bejahst uns trotz unseres Versagens.
  Wir danken Dir für Deine unendliche Geduld und Liebe.
  Wo wir Dir unsere Schuld bekennen,
  willst Du uns um Christi willen alles vergeben.
  Im Vertrauen auf diese Verheißung kommen wir jetzt zu Dir.
  Laß Dir nun sagen, was mein Bruder / meine Schwester Dir sagen möchte:

- **Beichtgebet des / der Beichtenden**

- **Der / die Beichte-Hörende:**
  Du hast vor Gott und mir als Zeugen bekannt,
  was Dich an Versagen und Schuld belastet.
  Möchtest Du, daß Gott diese Schuld von Dir nimmt?

- **Der / die Beichtende:** *Ja.*

- **Der / die Beichte-Hörende:**
  Glaubst du auch, daß die Vergebung, die ich Dir jetzt im Namen
  und Auftrag Jesu Christi zuspreche, Gottes Vergebung ist?

- **Der / die Beichtende:** *Ja.*

- **Der / die Beichte-Hörende:**
  Bist Du auch bereit, die Vergebung, die Gott Dir schenkt,
  an Menschen weiterzugeben, die an Dir schuldig geworden sind?

- **Der / die Beichtende:** *Ja.*

- **Der / die Beichte-Hörende:** (unter Handauflegung)
  Wie Du glaubst, so geschehe Dir.
  Im Namen und in der Kraft Jesu Christi
  und im Auftrag, den Gott seiner Gemeinde gegeben hat,
  spreche ich Dich frei und los von all Deiner Schuld.
  Gott hat Dir Deine Sünde vergeben.
  Im Namen des Vaters und des Sohnes und des Heiligen Geistes.
  Friede sei mit Dir. Amen.

Burghard Krause: Auszug aus dem Schneckenhaus, Aussaat Verlag

Nach einigen Tagen ging Jesus wieder nach Kapernaum; und es wurde bekannt, daß er im Hause war. Und es versammelten sich viele, so daß sie nicht Raum hatten, auch nicht draußen vor der Tür; und er sagte ihnen das Wort.

Und es kamen einige zu ihm, die brachten einen Gelähmten, von vieren getragen. Und da sie ihn nicht zu ihm bringen konnten wegen der Menge, deckten sie das Dach auf, wo er war, machten ein Loch und ließen das Bett herunter, auf dem der Gelähmte lag.

Als nun Jesus ihren Glauben sah, sprach er zu dem Gelähmten: Mein Sohn, deine Sünden sind dir vergeben. Es saßen da aber einige Schriftgelehrte und dachten in ihren Herzen: Wie redet der so? Er lästert Gott! Wer kann Sünden vergeben als Gott allein? Und Jesus erkannte sogleich in seinem Geist, daß sie so bei sich selbst dachten, und sprach zu ihnen: Was denkt ihr in euren Herzen? Was ist leichter, zu dem Gelähmten zu sagen: Dir sind deine Sünden vergeben, oder zu sagen: Steh auf, nimm dein Bett und geh umher? Damit ihr aber wißt, daß der Menschensohn Vollmacht hat, Sünden zu vergeben auf Erden - sprach er zu dem Gelähmten: Ich sage dir, steh auf, nimm dein Bett und geh heim!

Und er stand auf, nahm sein Bett und ging alsbald hinaus vor aller Augen, so daß sie sich alle entsetzten und Gott priesen und sprachen: Wir haben so etwas noch nie gesehen.

Markus 2, 1 - 12

> **Text A:**
> *Frau Annemarie N. erzählt*

Wir wissen aber, daß denen, die Gott lieben, alle Dinge zum Besten dienen (Römer 8, 28). Dieses Wort begleitet mich schon seit längerer Zeit. Es ist wie ein stabiles Geländer, an dem ich mich festhalten kann. Besonders wichtig wurde es für mich, als mir sehr nahe stehende Menschen schwer krank wurden.

Bei meinem Mann wurde im Februar 1992 Hautkrebs festgestellt. Er mußte sofort operiert werden. Noch bevor er das Krankenhaus nach sieben Wochen verlassen konnte, traten Metastasen auf. Es folgten mehrere kleine Operationen und im Februar 1993 wieder eine größere Operation, verbunden mit einem mehrwöchigen Krankenhausaufenthalt. Danach mußte mein Mann sich weiterhin regelmäßig zu Kontrolluntersuchungen vorstellen.

Ende Juni vergangenen Jahres wurden erneut an mehreren Stellen Metastasen gefunden. Die Ärzte wollten nicht mehr operieren, empfahlen aber eine spezielle Chemotherapie. Diese lehnte mein Mann ab.

Während der ganzen Krankheitszeit wurde viel für ihn gebetet. Er wußte das und setzte sein ganzes Vertrauen auf Gott in dem Wisssen, daß uns - ihm und mir - alle Dinge zum Besten dienen würden. Und "alle Dinge", das beinhaltet Leben, Gesundwerden und Sterben. Im Vertrauen auf die Liebe Jesu, der weiß, was das Beste für uns ist, waren wir bereit zu beidem.

Anfang August bildeten sich die Metastasen zurück. Der Arzt sagte: "Sie müssen aber zugeben, sie sind noch da. Kommen Sie in vierzehn Tagen wieder".

Jetzt war die Entwicklung schon deutlicher, und der Arzt sagte: "In der Tat, sie gehen zurück. Das ist ein Wunder". Im September bestätigte ein weiterer Arzt die Heilung mit den Worten: "So etwas gibt es doch gar nicht. Das ist ja irre". Und er freute sich, zum ersten Mal eine Heilung dieser äußerst bösartigen Krebsart zu erleben.

Und auch ich bin voller Freude darüber, daß Jesus uns diese Heilung geschenkt hat und wir noch eine Weile beieinander bleiben können.

Text B:
Pastor Klaus B. erzählt

Aber wie ist das nun mit dem Gesundmachen des Leibes? Wohl oder übel muß ich an den Parasiten denken, der sich in meiner Leber eingenistet hat (für Mediziner: Es handelt sich um einen Echinokokkus alveolaris, den Fuchsbandwurm). *Was* in 2. Kor. 12, 7 mit dem "Pfahl im Fleisch" gemeint ist, darüber mögen sich die Ausleger herumstreiten. Ich erlebe, *wie* das ist, wenn man einen mit sich herumschleppen muß. Zweimal bin ich wegen dieser Krankheit schon operiert worden. Die Beschwerden wurden dadurch gelindert, die Krankheit selbst konnte aber nicht geheilt werden. Seit zehn Jahren bin ich auf die regelmäßige Einnahme von Medikamenten angewiesen, auch solche, die noch nicht klinisch erprobt werden. Keiner kann mir sagen, ob das Kraut schon gefunden ist, das gegen diese Erkrankung gewachsen ist. Manchmal in der letzten Zeit habe ich in der Kirche die Choralstrophe (EKG 381, 1) mitgesungen, in der es heißt: "Gesunden Leib gib mir". Da geht es zwar auch darum, "daß in solchem Leib ein unverletzte Seel und rein Gewissen bleibt". Und doch: Da bitte ich nicht nur um Heil, sondern auch um Heilung, um Gesundung. Das darf ich sogar.

An drei Begegnungen mit Christenmenschen muß ich denken, die sich der Charismatischen Bewegung angeschlossen haben. Von ihnen habe ich Kassetten bekommen, auf denen bewegende Berichte von wunderbaren Heilungen festgehalten sind. Ein junger Pfarrer hat mir nahegelegt, ich solle doch unbedingt einmal einen Kongreß mit *John Wimber* besuchen. Einer meinte, ich könnte auf die Einnahme von Medikamenten getrost verzichten, wenn ich nur ganz und ungeteilt auf die heilende Kraft Gottes vertrauen würde. Wieder ein anderer sagte mir, wenn ich in meiner Predigt eine am eigenen Leib erfahrene Heilung bezeugen könnte, würde meine Verkündigung stärkere Ausstrahlungskraft gewinnen. Solche Stimmen fechten mich an. Ich habe lange gebraucht, bis ich meinen Pfahl im Fleisch nicht mehr als Zeichen der Abwesenheit Gottes, sondern als Hinweis darauf begreifen konnte, daß die Gnade und die Kraft Christi in dem Schwachen mächtig sind. Erst allmählich habe ich gelernt, die mir in meiner Krankheit gesetzten Grenzen wahrzunehmen, ernst zu nehmen und anzunehmen. Habe ich zu wenig Widerstand geleistet und mich zu sehr in Ergebung geübt? War mein Vertrauen auf Gottes verwandelnde Kraft zu klein und zu zaghaft?

Ich bin nicht zu einem der Kongresse mit John Wimber gefahren. Mag sein, daß ich befürchtet habe, eine Enttäuschung zu erleben und hinterher mit dem schwierigen Prozeß der Einwilligung ganz von vorn beginnen zu müssen. Aber ich weiß, daß dabei zwei andere Überlegungen mindestens eine ebenso große Rolle gespielt haben: Meine Verkündigung findet, seit ich erkrankt bin, eher mehr Resonanz als zuvor, selbst wenn ich nur dann, wenn es der Predigttext nahelegt, über meine Krankheitserfahrungen spreche. Offenbar wird die Botschaft von Kreuz und Auferstehung nicht nur dem abgenommen, der mit Siegesmeldungen aufwarten kann, sondern auch und erst recht dem, der ein Mitleidender ist.

Zudem: es könnte mir viel schlechter gehen. Trotz einer besorgniserregenden Statistik und ernüchternder medizinischer Prognosen: Ich sitze an meinem Schreibtisch und kann diese Zwischenbemerkung schreiben. Ob es auf das neue Medikament zurückzuführen ist, das aus England kommt? Oder auf die treue Fürbitte vieler Christen? Oder auf beides zugleich? Jedenfalls konnte ich in einem Weihnachtsbrief schreiben: "Das grenzt nicht nur an ein Wunder. Das ist wohl eines. Sicher kein so großes wie die Umwälzungen im Ostblock. Doch für mich auch ein kleines. Ein 'mittleres Wunder' also, wie ein Freund zu sagen pflegt". Kann ich eigentlich mehr erwarten? Soll ich von Gott noch Größeres erbitten?

Burghard Krause: Auszug aus dem Schneckenhaus, Aussaat Verlag

Gesprächsanregungen und Arbeitsaufträge für die Gruppen:

1. Wie erklären Sie sich, daß der Mann von Frau N. eine Heilung erfahren hat, Pastor B. aber nicht, obwohl doch für beide gebetet wurde?

2. Welche Antworten auf ähnliche Fragen wie die Frage 1 sind Ihnen bisher begegnet?
   Welche halten Sie für hilfreich?
   Welche lehnen Sie ab? Warum?

3. Vergleichen Sie beide Berichte unter der Fragestellung:
   Welche Glaubenserfahrungen haben die Betroffenen im Umgang mit Ihrer Krankheit gemacht?
   Worin unterscheiden sich die Erfahrungen?
   Worin sind sie deckungsgleich?

4. Pastor B. schreibt zu seinem Zustand:
   "Ob es auf das neue Medikament zurückzuführen ist? Oder auf die treue Fürbitte vieler Christen? Oder auf beides?"
   Wie würden Sie auf diese Fragen antworten?
   Sind Medizin und Heilungsgebet für Sie Alternativen?

5. Pastor B. fragt am Schluß:
   "Kann ich eigentlich mehr erwarten?
   Soll ich von Gott noch Größeres erbitten?" -
   Was würden Sie ihm auf diese Frage antworten?

6. Welche Fragen in Bezug auf den Umgang mit dem Gebet um Heilung bleiben für Sie nach Ihrem Gruppengespräch offen?

Krankheit und Heilung
Biblische Grundorientierung

1. Jesus hat seine Krankenheilungen nicht als beiläufig und zur Not entbehrlich verstanden. Für ihn waren sie notwendige (und not-wendende) *Zeichen des anbrechenden Gottesreiches*, das er verkündigte. In der Heilung von Krankheit hat er angezeigt und dokumentiert, daß da, wo sich Gottes barmherziger Wille und seine menschenfreundliche Macht in dieser Welt durchsetzen, die Mächte der Krankheit weichen müssen (vgl. Mt. 11, 5; Off. 21, 3 - 5). Darum ist uns als Christen eine vorschnelle *"Versöhnung Gottes mit dem Elend"* ("Alles Leiden kommt aus Gottes Hand!") ebenso verwehrt wie eine beschwichtigende Deutung des Leidens als *pädagogische Maßnahme Gottes* ("Gott wird schon seinen Grund dafür haben...").

2. Der Umgang von Christen mit Krankheit darf mit der *Macht der heilenden Liebe Gottes* rechnen und muß zugleich *Gottes Freiheit und Souveränität* achten. Richtig ist, daß Gott heilen will und kann. Nicht richtig ist, daß Gott zugesagt hat, j e t z t   u n d   h e u t e   a l l e Krankheit zu heilen. Auch Jesus hat nicht alle Kranken geheilt, die ihm begegnet sind (vgl. z. B. Joh. 5, 1ff). Wer keine Heilung mehr von Gott erwartet, unterschätzt das "schon" des angebrochenen Reiches Gottes. Wer behauptet, daß alle Krankheit im Vertrauen auf Gottes Heilkraft bereits heute überwunden wird, übersieht das "noch nicht" des Reiches Gottes. Christlicher Umgang mit der Krankheit darf weder zu einem Kleinglauben verkommen, der sich der Krankheit ergibt, noch zu einer "Schwärmerei" ausarten, in der die bleibende Erfahrung von Krankheit überspielt wird. Wer über oder mit einem Kranken um Heilung betet, sollte ihm weder verbal noch nonverbal "Versprechungen" machen.

3. Christen wissen und erfahren: es gibt *"gesunde Sünder"* und *"kranke Heilige"*. Die Frage, warum Gott den einen heilt und den anderen nicht, kann nur mit dem Hinweis auf Gottes Freiheit und Souveränität beantwortet werden. Eine Verrechnung der *Sünde* des Kranken oder seiner Vorfahren mit der Krankheit lehnt das Evangelium ausdrücklich ab (vgl. Joh. 9, 1 - 3). Auch stimmt es nicht, daß der *Glaube* immer die Bedingung für die Heilung ist. Weder führt der Glaube notwendigerweise zur Heilung, noch ist die (verbleibende) Krankheit notwendigerweise eine Folge von Unglauben. Wer bei ausbleibender Heilung Erklärungsmuster anwendet, die dem Evangelium nicht entsprechen, handelt seelsorgerlich unverantwortlich und bürdet dem Kranken zusätzliche Lasten auf. Das Evangelium löst nicht alle Fragen, sondern ermutigt uns dazu, auch mit noch unbeantworteten Fragen auf das kommende Reich Gottes zuzuleben (vgl. Joh. 16, 23).

4. *Alle* Heilung kommt von Gott - auch die, die durch *ärztliche* oder *medizinische* Vermittlung geschieht. Trotz aller Anfragen an den "Allmachtswahn" der Medizin ist ärztliche und medikamentöse Hilfe als eine Gabe des Schöpfers von uns Christen dankbar anzuerkennen und nicht prinzipiell gering zu achten. *Zwischen Heilungsgebet und medizinischer Hilfe besteht daher kein grundsätzlicher Gegensatz.* Gott kann auf beiden Wegen Krankheit eindämmen oder überwinden. Darum darf sich das Gebet um Heilung mit dem ärztlich-medizinischen Handeln verbünden und muß sich ihm nicht entgegenstellen.

Burghard Krause: Auszug aus dem Schneckenhaus, Aussaat Verlag

5. Sowie Gesundheit mehr ist als das Funktionieren aller Organe, so ist Krankheit mehr als die Summe körperlicher Defekte. In vielen körperlichen Beschwerden drücken sich seelische Nöte aus ("Was ist dir auf den Magen geschlagen? Was schnürt dir die Luft ab? Was hat dir das Herz gebrochen?"). Darum muß der seelsorgerliche Umgang mit Kranken auch die oft hinter den körperlichen Krankheitssymptomen liegenden *Ängste, Nöte, inneren Verletzungen und Schulderfahrungen* mit einbeziehen. Dabei ist es nicht notwendig, vor dem Gebet um Heilung alle diese Hintergründe genau zu kennen. Das wird in den seltensten Fällen möglich sein. Viel wichtiger ist es, in das Gebet um Heilung des Kranken solche möglichen Hintergründe mit aufzunehmen und Gott um eine *umfassende* Heilung des anderen zu bitten. Alle Heilung im biblischen Sinn zielt nicht nur auf die körperliche Wiederherstellung des Kranken sondern auf eine Ausheilung all dessen, was seine *Gottesbeziehung*, seine *Beziehung zu anderen Menschen* und seine *Ganzheit als Leib, Seele und Geist* betrifft.

6. Das Gebet um Heilung ist uns Christen nicht nur erlaubt, sondern vom Evangelium her *geboten*. Es sollte aber (in der Regel) nicht *gegen* den Wunsch des Kranken sondern auf seine (oder der Angehörigen) Bitte hin geschehen. Krankengebet ist ein *Auftrag an die ganze Gemeinde*. Darum ist es gut, wenn mehrere Christen gemeinsam über einem Kranken beten. "Der Ort, wo Heilung im weitesten Sinne des Wortes erwartet werden darf..., ist die Gemeinde Jesu Christi. Gesundheit und Krankheit sind nicht Privatsache, sondern Sache der Liturgie. Die Gemeinde hat eine heilende Gabe und Aufgabe" (Walter Hollenweger). Dabei ist es "keineswegs die Kraft des Gebets oder die übernatürliche Ausstrahlung speziell begabter Christen, die Hilfe schaffen, sondern Gott selbst in seiner freien Zuwendung. Sie läßt sich durch keinen Mechanismus erzwingen oder manipulieren, sondern nur schlicht und aufrichtig erbitten". Im Heilungsgebet setzen die Betenden und der oder die, für den oder die gebetet wird, sich gemeinsam der heilsamen Gegenwart Gottes aus. In einer urgemeindlichen Anweisung zum Krankengebet heißt es: *"Ist jemand unter euch krank, der rufe zu sich die Ältesten der Gemeinde, daß sie über ihm beten und ihn salben mit Öl in dem Namen des Herrn. Und das Gebet des Glaubens wird dem Kranken helfen, und der Herr wird ihn aufrichten"* (Jak. 5, 14 f). Die uns fremd gewordene *Salbung des Kranken mit Öl* (z. B. Kreuzeszeichen auf der Stirn) verleiblicht Gottes Zuwendung zeichenhaft. Sie meint keine magische Handlung.

7. Christliches Gebet um Heilung vertraut die kranken Menschen der Fürsorge eines Gottes an, der besser als wir weiß, was wir wirklich brauchen (vgl. Mt. 6, 32). Es lebt von der Gewißheit, daß "denen, die Gott lieben, alle Dinge (Krankheit oder Gesundheit) zum Besten dienen" (vgl. Röm. 8, 28). Darum ist es nicht einseitig auf körperliche Gesundheit fixiert. Nicht selten führt ein Heilungsgebet zwar nicht zur körperlichen Heilung - aber der Mensch, für den gebetet wurde, wird auf *andere Weise* von Gott gesegnet. Die Fürbitte für Kranke kann daher auch die *Annahme* des Leidens vorbereiten und der *Einwilligung* ins Leiden dienen. Sie ist letztlich eine *besondere Form der Vater-Unser-Bitte*: "Dein Wille geschehe". Blaise Pascal hat das einmal so ausgedrückt: "Vater im Himmel, ich bete weder um Gesundheit noch um Krankheit, weder um Leben noch um Tod, sondern darum, daß du über meine Gesundheit und Krankheit, über mein Leben und meinen Tod verfügst zu deiner Ehre und zu meinem Heil. Du allein weißt, was mir dienlich ist. Du allein bist der Herr. Tue, was du willst. Gib mir, nimm mir, aber mache meinen Willen dem deinen gleich".

VI-18a

> Jakobus 5, 13ff:
>
> *Leidet jemand unter euch, dann bete er; ist jemand guten Mutes, dann singe er Psalmen. Ist jemand unter euch krank, dann rufe er die Ältesten der Gemeinde zu sich, damit sie über ihm beten und ihn mit Öl salben im Namen des Herrn. Und das Gebet, das im Glauben geschieht, wird dem Kranken helfen, und der Herr wird ihn aufrichten; und wenn er Sünden getan hat, wird ihm vergeben werden. Bekennt einander eure Sünden und betet füreinander, damit ihr gesund werdet.*

Bericht von Dr. Rainer Stuhlmann,
Superintendent und Pfarrer in St. Augustin:

> "Am Sonntag, dem 12. März, um 11 Uhr, findet im Dietrich-Bonhoeffer-Haus, St. Augustin-Mülldorf wieder ein Salbungsgottesdienst statt. Kranke, Gebrechliche, Mühselige und Beladene oder einfach Menschen, die Zuwendung brauchen, sind dazu besonders eingeladen. Wer möchte, kann sich Hände oder Stirn mit Öl salben lassen oder um Fürbitte mit Handauflegung bitten. Die übrige Gemeinde feiert den Gottesdienst singend und betend mit. Wer mit dem Auto zur Kirche gebracht werden möchte, melde sich bitte im Gemeindebüro".

"So war es in diesen Tagen wieder im Gemeindebrief, auf Handzetteln, Plakaten und in der Tagespresse zu lesen. Seit 1990 lädt unsere Gemeinde zweimal jährlich zu einem evangelischen Salbungsgottesdienst ein. Wir sind eine typische Volkskirchengemeinde, ohne Erweckung, charismatische Neigungen oder pietistische Frömmigkeitstradition.

Dieser Gottesdienst hat längst seine Liebhaber und gewinnt jedesmal neue hinzu - in der Gemeinde und darüber hinaus... Insgesamt sind es ca. fünfzehn im Alter zwischen 40 und 60 Jahren, überwiegend Frauen, die die Gabe der Salbung - oder soll ich sagen: der Heilung? - haben. Der Pastor predigt, erklärt den Ritus und lädt dazu ein, salbt selbst aber bewußt nicht. "Entklerikalisierung der Segenshandlung" nennen wir das im Nachdenken biblischer Überlieferung und bekommen eine Ahnung von der Vielfalt verborgener Gnadengaben in der Gemeinde.

Wie alles Liturgisch-Spirituelle muß das Handwerkliche daran gekonnt und darum geübt sein. Zunächst werden Vierer- oder Fünfergruppen gebildet. Zwei sitzen einander auf Stühlen gegenüber: Salber(in) und der, der sich salben läßt. Eine(r) hält die Schale mit Öl, ein oder zwei stützen von der Seite oder von hinten den Menschen, der sich salben läßt, an Schultern und Kopf. Nach jedem Salbungsvorgang wechseln die Rollen. Zum Schluß bleibt ein Stuhl frei, der nun andere einlädt, zur Salbung Platz zu nehmen. Neulinge können also zunächst zuschauen, bevor sie sich entschließen, sich salben zu lassen.

Gesalbt werden Handrücken, Handflächen, Stirn und Schläfen... Einige salben in Form eines Kreuzes, andere kreisförmig. Einige sprechen zum Schluß ein kurzes Gebet, andere enden mit einem biblischen Zuspruch... Eine ambulante Gruppe geht zu den Gehbehinderten und Rollstuhlfahrern. Gesalbt wird mit Öl, einer Mixtur aus Speise- oder Jojobaöl mit Duftessenzen. Bei uns hat sich nach anfänglichen Experimenten Rosenöl durchgesetzt, in Naturkostläden oder Drogerien zu kaufen. Eine Salberin hat uns als Gefäße ihre ausgedienten Eisschalen aus Metall gestiftet. Wenn das Öl genügend lange vor dem Gottesdienst bereits auf dem Abendmahlstisch steht, wird der ganze Raum von seinem Duft durchzogen.

Eine kurze Eingangsliturgie und Predigt führen zu dem ca. vierzig Minuten dauernden Salbungsteil, während dessen die Gemeinde Taizé-Lieder singt oder in der Stille betet. Alte und Junge, Gesunde und Kranke, Bekannte und Unbekannte lassen sich salben. Die vielen Tränen zeigen, wie der Ritus Menschen anrührt. Nach dem Gottesdienst ist Zeit und Raum für Gespräche.

Salbung ist Segenszuspruch, der unter die Haut geht und mitgeht, ein Gebet mit dem Körper: Leibhaftige Bitte oder Fürbitte, Dank oder Lob. Salbung macht Menschen nach Gottes Verheißung heil. "Unter dem Gebet der Gemeinde geschieht etwas. Wir wissen nicht, was geschieht. Darum versprechen wir Ihnen nicht, daß Ihre Wünsche nach Heilung in Erfüllung gehen. Vielleicht erfahren Sie Heilung von Ihrer Krankheit. Vielleicht erfahren Sie Hilfe in Ihrer Krankheit. Vielleicht erfahren Sie, daß Sie Ihre Krankheit besser ertragen können. Vielleicht erfahren Sie Erleichterung und Erquickung. Unter dem Gebet der Gemeinde geschieht etwas". So hat Walter Hollenweger zur Salbung eingeladen...

Inzwischen werden in zwei weiteren Gemeinden unseres Kirchenkreises Salbungsgottesdienste angeboten. Predigerseminare und Krankenhauspfarrkonvente bitten um Erfahrungsberichte und theologische wie praktische Anleitung. Ein regionaler "Gemeinde-Ermutigungstag" bietet Salbung in einem seiner workshops an.

Frucht ökumenischen Lernens: Erfahrungen der Leibhaftigkeit des Glaubens. Gegen die Reduzierung protestantischer Frömmigkeit auf den Kopf wird so die Ganzheitlichkeit des Heils wieder entdeckt und zum Zuge gebracht. Eine alte biblische Praxis, über Jahrhunderte verschüttet, wird wieder neu eingeübt. Zum Segen der Menschen, zum Aufbau der Gemeinden, zum Lob Gottes, der da sagt: "Ich bin der Herr, dein Arzt" (2. Mose 15, 26).

Fragen zum Gespräch im Plenum:

Wie ist Ihre erste Reaktion auf diesen Bericht?

Würden Sie selbst gern an einem solchen Gottesdienst teilnehmen oder ihn mitgestalten?

Was können Sie dazu tun, daß es in Ihrer Gemeinde zum Angebot eines Salbungsgottesdienstes kommt?

Burghard Krause: Auszug aus dem Schneckenhaus, Aussaat Verlag

GEBET VOR EINEM GELDSCHEIN

Herr, sieh diesen Geldschein, er macht mir Furcht.
Du kennst sein Geheimnis, Du kennst seine Geschichte.
Wie ist er schwer!

Er bedrückt mich, denn er redet nicht,
er wird niemals erzählen, was er in seinen Falten birgt.
Er wird nie preisgeben, was er an Mühsal und Kämpfen bedeutet.
Er ist durchtränkt von menschlichem Schweiß,
er ist befleckt von Blut, von Enttäuschung, von verspotteter Würde.
Er ist reich von der ganzen Last menschlicher Arbeit,
die er enthält und die ihm seinen Wert gibt.

Herr, er ist schwer, schwer.
Er bedrückt mich, er macht mir Furcht.
Denn er hat Tote auf dem Gewissen, all die armen Kerle,
die sich beim Akkord zu Tode geschunden haben um seinetwillen,
um ihn zu haben, um ihn für einige Stunden zu besitzen,
um von ihm ein wenig Vergnügen, Freude, Leben zu erlangen...

Durch wieviele Finger ist er gegangen, Herr?
Und was hat er getan auf seinen langen, verschwiegenen Wegen?
Er hat der strahlenden Braut weiße Rosen in den Arm gelegt.
Er hat die Taufgeschenke bezahlt und das rosige Kindlein ernährt.
Er legte das Brot auf den Familientisch.
Er hat das heitere Lachen der Jungen und die stille Freude der Alten erlaubt.
Er hat den Besuch des rettenden Arztes bezahlt.
Er hat das Buch geschenkt, das den Knaben belehrt.
Er hat die Jungfrau bekleidet.

Aber er hat auch den Abschiedsbrief geschickt.
Er hat den Mord des Kindes im Mutterschoß bezahlt.
Er teilte den Alkohol aus und schuf den Trunksüchtigen.
Er hat den Kindern den verbotenen Film vorgeführt
und hat die geschmacklose Schallplatte aufgenommen.
Er hat den Jüngling verführt und den Erwachsenen zum Dieb gemacht.
Für ein paar Stunden hat er den Leib einer Frau gekauft.
Er bezahlte die Mordwaffe und die Sargbretter.

O Herr, ich bringe Dir diesen Geldschein dar,
in seinen freudvollen und in seinen leidvollen Geheimnissen.
Ich sage Dir Dank für all das Leben und die Freude, die er geschenkt hat.
Ich bitte Dich um Verzeihung für das Böse, das er getan hat.
Vor allem aber, Herr, bringe ich ihn Dir dar für alle Menschenarbeit,
für alle Menschenmühe, deren Symbol er ist
und die - endlich - morgen, unvergängliche Münze geworden,
umgewechselt werden in dein ewiges Leben.

Michel Quoist

Burghard Krause: Auszug aus dem Schneckenhaus, Aussaat Verlag

Fragen zum persönlichen Umgang mit Geld

* Wie sind meine Eltern mit Geld umgegangen?
  Wo und wie hat ihre Einstellung zum Geld mich geprägt?

* "Mein erstes selbstverdientes Geld" - welche Erinnerungen und Gefühle verbinden sich für mich damit?

* Bin ich zufrieden mit dem, was ich an Geld habe?

* Bin ich zufrieden mit dem, was ich mit meinem Geld tue?

* "Verdiene" ich eigentlich, was ich verdiene?

* Ist Wohlstand "Segen Gottes"?

* Welche Rolle spielen Geld und Besitz für mein Selbstwertgefühl?

* Wo hört für mich "Vorsorge" auf, wo fängt das "Sorgen" an?

* Was ist der Unterschied zwischen Spenden und Opfern?

* Bei welcher Größenordnung beginnt für mich wirkliches Teilen?

* Was tue ich mit dem Geld, das ich im Moment nicht brauche?

VII-3a

ARBEITSAUFTRÄGE FÜR DIE GESPRÄCHSGRUPPEN:

1. Der Umschlag, den Sie bekommen haben, ist Ihre "Lohntüte". Sie enthält den Betrag, über den Sie als Netto-Einkommen monatlich in Ihrem Privat-Haushalt verfügen. Wir schreiben das Jahr 1992.

Sprechen Sie in Ihrer Gruppe miteinander über die folgenden Fragen:

> * *Was meinen Sie: Wieviel Prozent der Haushalte in Deutschland verfügen im Jahr 1992 über ein monatliches Nettoeinkommen, das Ihrem Spielgeldbetrag entspricht?*
>
> * *Halten Sie sich mit Ihrem monatlichen Spielgeld-Einkommen für "eher reich" oder für "eher arm"? Welche Kriterien wenden Sie bei Ihrer Antwort auf diese Frage an?*
>
> * *Mit wem würden Sie offen darüber reden, wieviel Geld Ihnen monatlich zur Verfügung steht? Mit wem nicht? Begründen Sie Ihr Verhalten!*

2. Auch in unserem eigenen Land wird die *"Schere zwischen arm und reich"* ständig größer. Vervollständigen Sie den nachfolgenden *Lückentext* - nachdem Sie in der Gruppe darüber gesprochen haben:

> In der Bundesrepublik Deutschland besitzen die ärmeren 50 Prozent der Bevölkerung nur....... Prozent, die reichere Hälfte dagegen....... Prozent des Geldvermögens. Die oberen 10 Prozent besitzen.......Prozent des Gesamtvermögens, die obersten 1 Prozent gar über ...... Prozent. Die 300 reichsten bundesdeutschen Haushalte verfügen über durchschnittlich .... DM Geldvermögen.

Burghard Krause: Auszug aus dem Schneckenhaus, Aussaat Verlag

3. Seit Jahren wird von einer *"Neuen Armut"* in Deutschland gesprochen, die verglichen mit der Verarmung vieler Länder in der Zwei-Drittel-Welt allerdings nur als relative Armut angesehen werden kann. Folgender *Armutsbegriff* wird in der Regel zur Erfassung der "neuen Armut" bei uns verwendet: eine Person wird dann als arm angesehen, wenn ihr - im Vergleich zum Bevölkerungsdurchschnitt - der Zugriff auf materielle Ressourcen (Einkommen) in erheblicher Weise verschlossen bleibt.

Im allgemeinen wird dabei mit drei Schwellenwerten operiert: Eine Armutsgrenze von *40%* des Durchschnittseinkommens markiert eine *strenge Einkommensarmut*; *50%* des Durchschnittseinkommens geben ein *mittleres Armutspotential* an; *60%* des Durchschnittseinkommens kennzeichnen eine *armutsnahe Einkommenssituation*.

Beantworten Sie als Gruppe die folgenden Fragen:

Fragen zum Stichwort "Neue Armut in Deutschland":

* Welcher DM-Betrag markiert nach Ihrer Einschätzung die Armutsgrenze 1992 (50%-Schwelle)?
  - Armutsgrenze: DM...........

* Wieviele Menschen leben Ihrer Vermutung nach 1992:
  - in strenger Armut (40%-Schwelle):................%
  - in Armut (50%-Schwelle):...............%
  - in Armutsnähe (60%-Schwelle):.............%

* Wieviele Sozialhilfe-Empfänger gibt es zur Zeit Ihrer Einschätzung nach in Deutschland?
  - Anzahl der Sozialhilfe-Empfänger:.................

* Wie hoch ist der Sozialhilfesatz (Basis-Satz)?
  - Höhe des Sozialhilfesatzes   DM....................

Burghard Krause: Auszug aus dem Schneckenhaus, Aussaat Verlag

Daten-Übersicht

Monatliches Netto-Einkommen der Haushalte in Deutschland (1992)
weniger als 1800 DM........ 28, 5 %
1800 - 3000 DM...................31, 0 %
3000 - 5000 DM...................28, 9 %
5000 - 7500 DM...................10, 5 %
über 7500 DM......................3, 8 %

Armutsgrenze Westdeutschland 1992 (50%-Schwelle):   860 DM
Betroffen von Armut in Westdeutschland 1992:
"Strenge Armut" (40 %)..............4, 5 %
"Armut" (50 %)............................9, 9 %
"Relative Armut" (60 %)...........18, 5 %

Sozialhilfeempfänger (Juli 94): ca 4, 6 Millionen
Sozialhilfesatz (ab 1. 7. 95): 526 DM

In der Bundesrepublik Deutschland besitzen die ärmeren 50 Prozent der Bevölkerung nur 4 Prozent, die reichere Hälfte dagegen 96 Prozent des Geldvermögens. Die oberen 10 Prozent besitzen 50 Prozent des Gesamtvermögens, die obersten 1 Prozent gar über 20 Prozent. Die 300 reichsten bundesdeutschen Haushalte verfügen über durchschnittlich 500 Millionen DM Geldvermögen.

Die Tabuisierung des Themas "Geld und Besitz / Armut und Reichtum" hat Folgen:

*

Die Entdeckung von Ungleichheit wird vermieden.

*

Es wird der Frage ausgewichen,
wo diese Ungleichheit den Stachel der Ungerechtigkeit in sich trägt.

*

Die Hintergründe für Armut und Reichtum bleiben unaufgedeckt.

*

Mögliche Wege der Überwindung von Armut werden nicht gegangen.

*

Die biblischen Herausforderungen
in Bezug auf eine Ethik des Teilens werden überlesen oder entschärft.

*

Die Frage nach einem zeichenhaften Leben der Christen im Spannungsfeld von Reichtum und Armut und nach unserer politischen Mit-Verantwortung als Christen für das Ringen um mehr Gerechtigkeit wird in den Gemeinden nicht ernsthaft gestellt.

Deutscher Mietenspiegel

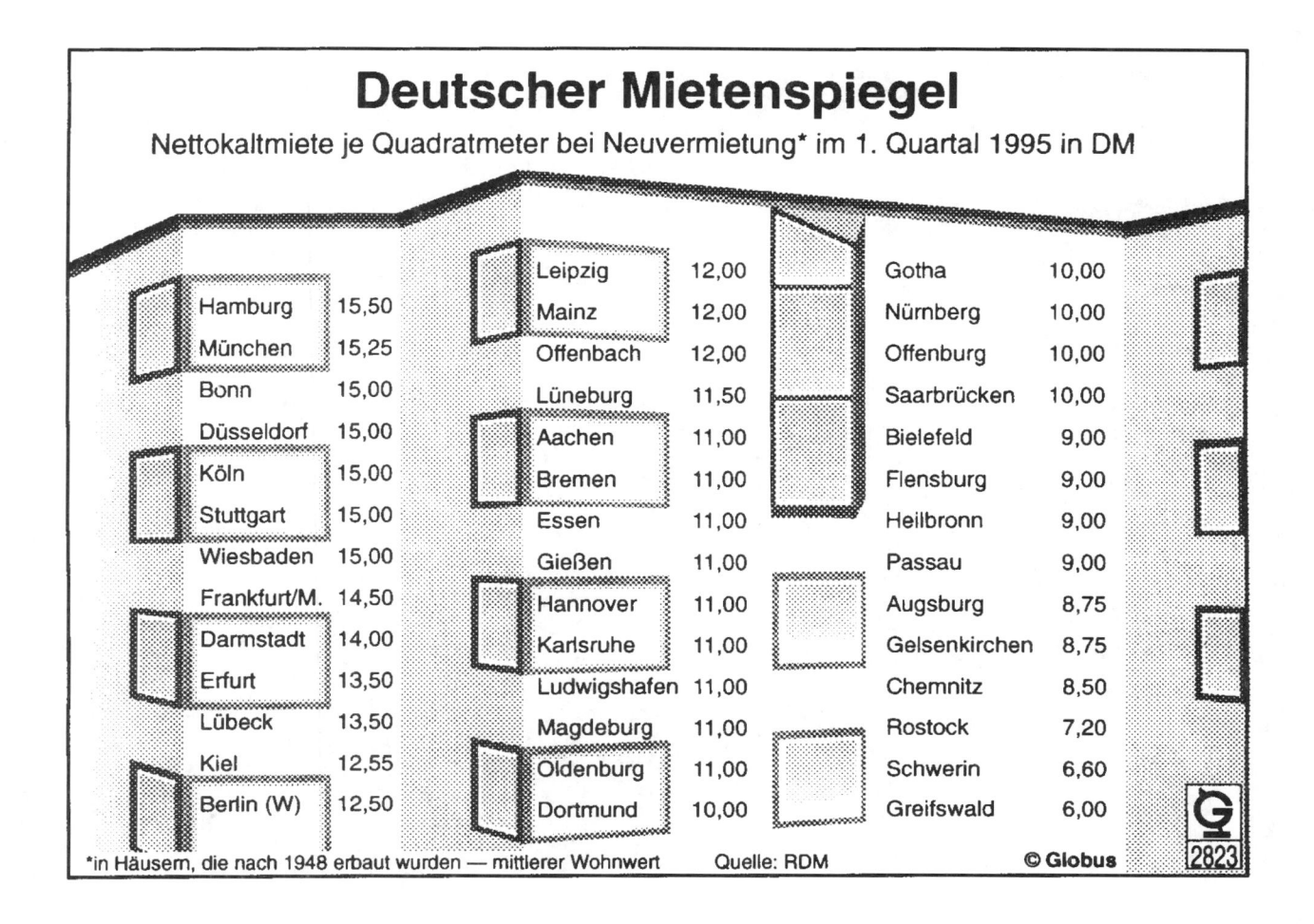

Nettokaltmiete je Quadratmeter bei Neuvermietung* im 1. Quartal 1995 in DM

Stadt	DM	Stadt	DM	Stadt	DM
Hamburg	15,50	Leipzig	12,00	Gotha	10,00
München	15,25	Mainz	12,00	Nürnberg	10,00
Bonn	15,00	Offenbach	12,00	Offenburg	10,00
Düsseldorf	15,00	Lüneburg	11,50	Saarbrücken	10,00
Köln	15,00	Aachen	11,00	Bielefeld	9,00
Stuttgart	15,00	Bremen	11,00	Flensburg	9,00
Wiesbaden	15,00	Essen	11,00	Heilbronn	9,00
Frankfurt/M.	14,50	Gießen	11,00	Passau	9,00
Darmstadt	14,00	Hannover	11,00	Augsburg	8,75
Erfurt	13,50	Karlsruhe	11,00	Gelsenkirchen	8,75
Lübeck	13,50	Ludwigshafen	11,00	Chemnitz	8,50
Kiel	12,55	Magdeburg	11,00	Rostock	7,20
Berlin (W)	12,50	Oldenburg	11,00	Schwerin	6,60
		Dortmund	10,00	Greifswald	6,00

*in Häusern, die nach 1948 erbaut wurden — mittlerer Wohnwert   Quelle: RDM   © Globus

Rollenkarte 1:
Frau in Wohnungsnot

Sie sind die Frau eines kleinen Angestellten mit niedrigem Einkommen. Sie erwarten Ihr drittes Kind. Ihre bisherige Wohnung ist zu klein für die neue Familiensituation. Eine größere Wohnung können Sie wegen der zu hohen Mieten aller in Frage kommenden Objekte (10 DM pro qm und mehr) nicht bezahlen. Über Rücklagen verfügen Sie nicht. In der Hoffnung, daß die anderen Christen Ihres Gesprächskreises Ihnen raten und Ihnen in Ihrer Not helfen können, sprechen Sie Ihr Problem offen an. Sie wissen, daß ein Kirchenvorsteher, der zu Ihrem Gesprächskreis gehört, Zahnarzt mit einer gut gehenden Praxis ist. Sie haben davon gehört, daß er eine Eigentumswohnung besitzt und vermieten will. Irgendwo haben Sie gelesen, daß die Zahnärzte in Deutschland 1992 im Durchschnitt Einnahmeüberschüsse von 206 000 DM aus dem Praxisbetrieb erzielt haben.

Rollenkarte 2:
Zahnarzt / Zahnärztin

Sie sind Kirchenvorsteher(in) in der Gemeinde und von Beruf Zahnarzt bzw. Zahnärztin mit einer gutgehenden Praxis und dementsprechend hohen Einkünften. Sie sind im Besitz einer Eigentumswohnung, die von der Wohnfläche her für die Familiensituation der Frau gut geeignet ist. Die Wohnung ist komfortabel ausgestattet und wird in Kürze frei. Sie wollen wieder vermieten. Die Miete liegt aber auf einem erheblich höheren Preis-Niveau, als es der Frau erschwinglich ist. Sie haben sich gerade eine neue Praxis eingerichtet. Die Investitionskosten waren sehr hoch und mußten z. T. durch Kredite abgedeckt werden, deren Rückzahlung ansteht. Außerdem sind Sie durch den Zulauf von Patienten genötigt, neues Personal in der Praxis einzustellen, das auch bezahlt werden will. Aus diesen Gründen können und wollen Sie von Ihren hohen Mietvorstellungen nicht abrücken.

Rollenkarte 3:
Rentner / Rentnerin

Sie sind ein treues Glied Ihrer Kirchengemeinde mit einer intensiven persönlichen Frömmigkeit. Sie leben mit Ihrer kleinen Rente schon seit Jahren in sehr einfachen und beengten Wohnverhältnissen, ohne dagegen jemals aufbegehrt zu haben. Ihrem Gottesbild zufolge kümmert sich Gott um das individuelle Seelenheil der Menschen, nicht aber um das äußere Wohlergehen seiner Geschöpfe. Glaube und Politik haben für Sie nichts miteinander zu tun. In der gefallenen "Welt der Sünde" kann es Ihrer Meinung nach keine Gerechtigkeit geben. Aber "im Himmel soll es besser werden". Sie rufen die wohnungssuchende Frau zu Demut und Bescheidenheit auf in einer Zeit, in der alle immer mehr wollen. Ihre Sicht der Dinge: Was Gott uns gibt, dafür sollen wir dankbar und damit sollen wir zufrieden sein. Sie erinnern an die Nackriegszeit, wo viele Menschen in beengten Wohnverhältnissen gelebt haben. Sie verweisen auf die vielen Menschen in der 3. Welt, die sich in noch schwierigeren Lebenssituationen befinden und oft gar kein Dach über dem Kopf haben. Ihr Rat an die wohnungssuchende Frau: "Gib dich zufrieden und sei stille".

Rollenkarte 4:
Lehrer / Lehrerin

Sie sind Lehrer bzw. Lehrerin, Mitglied der SPD und in der Gewerkschaft engagiert. Sie zeigen viel Verständnis für die persönliche Notsituation der Frau. Sie sehen aber hinter dem Einzelfall das strukturelle Problem der Ausgrenzung unterer Einkommensgruppen auf dem freien Wohnungsmarkt. Für Sie ist die Wohnungsnot der Frau Ausdruck einer ungerechten Verteilung des Wohnraums. Ihre Sicht: Karitative Einzelhilfe löst das Problem nicht. Christen müssen für politische Lösungen kämpfen: der Staat darf das Thema Wohnraum nicht dem freien Markt überlassen, sondern muß das Recht auf menschenwürdiges Wohnen für alle durchsetzen. Sie fordern eine grundlegende Neuorientierung staatlicher Wohnungspolitik: bundeseinheitliche Mindeststandards für menschenwürdiges Wohnen, Wiederaufnahme des sozialen Mietwohnungsbaus, staatlich geregelte Mietpreis- und Belegungsbindung, Mieterschutz und langfristig eine Entprivatisierung des Grundbesitzes. Sie appellieren an die Kirchengemeinde, eine aufklärende Öffentlichkeitsarbeit für Wohnungsnotfälle in der Region zu betreiben, politische Lobby für Ausgegrenzte zu werden und mit außerkirchlichen Gruppierungen Bündnisse einzugehen, um die Wohnsituation der Menschen in der Region verbessern zu helfen. Sie weisen auch darauf hin, daß die Kirchengemeinde eigene Räumlichkeiten besitzt, von denen nicht alle sinnvoll genutzt werden. Warum muß der Pfarrer der Gemeinde als Junggeselle ein überdimensional großes Pfarrhaus bewohnen, während eine Familie in der Gemeinde in Wohnraumnot gerät? Sie schlagen vor, diesbezüglich mit dem Superintendenten und dem Kirchenkreisvorstand zu reden. An den Bauausschuß des Kirchenkreises wollen Sie die Anfrage richten, ob die in den kommenden Jahren geplanten kirchlichen Bau- und Umbauvorhaben nicht zugunsten einer Investition des Kirchenkreises für Wohnungssuchende ausgesetzt werden können. Sie vertreten mit Leidenshaft die Position, daß christlicher Glaube sich nicht in eine private Innerlichkeit zurückziehen darf, sondern Zeichen der Hoffnung setzen muß im politischen Ringen um mehr Gerechtigkeit in der Welt.

> *Rollenkarte 5:*
> *Sozialhilfeempfänger(in)*
>
> Sie haben erst kürzlich nach dem Besuch eines Glaubenskurses zur Gemeinde gefunden. Auch im Gesprächskreis sind Sie erst seit einigen Wochen. Sie haben gerade angefangen, bewußt als Christ(in) zu leben. In der Gemeinde, in der fast alle zum wohlsituierten Mittelstand gehören, fühlen Sie sich nach Ihrer Scheidung und als Sozialhilfeempfänger(in) noch nicht so recht zu Hause. Der Kirche als Institution stehen Sie skeptisch gegenüber. Aber Jesus und "sein Gott" faszinieren Sie. An Jesus gefällt Ihnen vor allem, daß er sich um die kümmert, die auf der Schattenseite des Lebens stehen. Da Sie selber zu den Armen unserer Gesellschaft gehören, solidarisieren Sie sich uneingeschränkt mit der Notlage der Frau. Sie unterstützen zwar die Forderungen des Lehrers nach politischen Lösungen, verweisen aber zugleich mit Nachdruck auf das Gebot der Nächstenliebe und die Bergpredigt mit ihrer Ethik des Teilens. Sie erinnern den Gesprächskreis an den Text Mt. 25, 31ff - der vor kurzem in der Gruppe behandelt wurde - und an Jesu Satz: "Was ihr getan habt einem von diesen meinen geringsten Brüdern, das habt ihr mir getan". Ihre These heißt: In den Armen und Bedürftigen begegnet uns Jesus. Ihm dienen heißt: denen dienen, die in Not geraten sind. Sie beklagen die Apathie, die Sie in der Gemeinde gegenüber Ausgegrenzten und Benachteiligten spüren. Sie rufen zu innergemeindlicher Barmherzigkeit auf, verweisen auf die Urgemeinde mit ihrer Praxis des Teilens materieller Güter und appellieren an die Besserverdienenden und Reichen der Gemeinde (z. B. den Zahnarzt), Jesus konsequent nachzufolgen und von ihrem Überfluß abzugeben. Ihre Sicht: politisches Engagement ist gut und notwendig, darf aber nicht von glaubwürdig gelebtem Christsein entlasten, das in praktischen Schritten des Opferns und Verzichts eingeübt werden muß.

VII-8a
Weltwirtschaft und soziale Gerechtigkeit -
Denkanstöße zur politischen Bewußtseinsbildung

1. "Die Weltwirtschaft ist am Ende des 20. Jahrhunderts nach den Grundregeln des Kapitalismus und der Marktwirtschaft organisiert... Der Wettbewerb in einem offenen Markt, das (staatlich) unbehinderte Spiel von Angebot und Nachfrage, das Privateigentum an Produktionsmitteln - diese Grundsätze haben ihren weltweiten Siegeszug angetreten". "Dabei handeln alle Wirtschaftssubjekte nach dem ökonomischen Prinzip, mit möglichst geringem Einsatz an Mitteln einen größtmöglichen Nutzen / Gewinn zu erzielen. Gewinnprinzip und Konkurrenzdruck zwingen die Anbieter zur Senkung der Kosten, zu ständigem Größenwachstum, zur Verbesserung der Produktion und zu technischen Neuerungen... In einigen westlichen Ländern hat sich... das Konzept der sozialen Marktwirtschaft durchgesetzt, womit eine Kombination von wirtschaftspolitischer Globalsteuerung (Konjunktur-, Struktur-, Geldpolitik) und sozialer Sicherung... gemeint ist".

2. Aber die marktwirtschaftliche Organisation der Weltwirtschaft ist "keineswegs ein Raum des friedlichen Wettstreits gleichberechtigter wirtschaftlicher Konkurrenten. Der globale Markt dient den Interessen derjenigen, die sich am Markt behaupten können. Dank ihrer Wirtschaftsmacht, deren Aufbau über Jahrhunderte sicherlich nicht nur, aber auch auf der Ausbeutung ihrer Kolonien basierte, bestimmen die Industrieländer das Geschehen auf den Märkten. Ihr Technologievorsprung, ihr Reservoir an hervorragend ausgebildeten Menschen ("Humankapital"), ihre Infrastruktur, ihre Finanzkraft - dies und anderes mehr gibt armen Ländern kaum eine Chance zur ernsthaften Konkurrenz auf den Weltmärkten... Die Industrieländer greifen immer wieder machtvoll in Marktmechanismen ein, wenn es darum geht, eigene Interessen durchzusetzen... Die große Masse der Armen bleibt arm, nicht zuletzt deshalb, weil den meisten Armen die Grundvoraussetzung für den Weg "nach oben" fehlt: eine reale Bildungschance... Sowohl im Weltmaßstab als auch in einzelnen Ländern wird die Schere zwischen Reichen und Armen in absehbarer Zeit nicht nur weit auseinanderklaffen, sondern sie wird sich vermutlich auch noch weiter öffnen. Dieser Trend ist langfristig erkennbar: Die wohlhabenden 20 Prozent der Weltbevökerung verfügten 1960 über das 30fache des Einkommens der ärmsten 20 Prozent. 1990 hatte sich dieses Verhältnis auf 1 : 60 verdoppelt".

3. Die Rolle der Finanzspekulation auf dem Weltmarkt und ihre Verknüpfung mit der internationalen Politik hat gigantische Dimensionen angenommen. Riesige transnationale Firmen beziehen einen beträchtlichen Teil ihres Einkommens aus reinen Spekulationsgeschäften. Der zunehmenden Macht- und Vermögenskonzentration auf der einen entspricht der schnell wachsende Auslandsschuldenberg der Dritten Welt auf der anderen Seite. "Diese Entwicklung hat zu einem Nettokapitaltransfer von Süd nach Nord geführt. Die Entwicklungsländer zahlen an Zinsen und Tilgungen jährlich zig-Milliarden mehr zurück als sie an Krediten und Entwicklungshilfegeldern bekommen... Verschuldung und Gewinne - zwei Seiten einer Medaille. Die Schere entwickelt sich immer weiter auseinander: auf der einen Seite immer mehr Geld ohne Bedarf, auf der anderen Seite ein immer größerer Bedarf ohne Geld. Wo Geld dringend nötig wäre für soziale und ökologische Aufgaben, da fehlt es. Und wo kein Bedarf da ist für Investitionen oder Konsum, da kumuliert es. Rund 500 Milliarden Dollar vagabundieren rund um den Erdball, ständig auf der Suche nach der gewinnträchtigsten Anlage".

Burghard Krause: Auszug aus dem Schneckenhaus, Aussaat Verlag

VII-8b

4. "Spätestens seit der Konferenz über Umwelt und Entwicklung in Rio 1992 ist die Einsicht weit verbreitet, daß der Lebens- und Wirtschaftsstil der reichen Länder allein deshalb aufrechterhalten werden kann, weil nur die Minderheit der Weltbevölkerung sich diesen verschwenderischen Umgang mit natürlichen Ressourcen leistet. Würde die Mehrheit so leben (können), wären natürliche Energievorräte... bald verbraucht... Die wirtschaftlichen Erfolge des Nordens ... hätte es ohne diese Ausbeutung der Natur nicht gegeben"."Der Erfolg des kapitalistischen Wirtschaftssystems wird langsam makaber. Ein ansehnlicher Teil unseres Wirtschaftswachstums besteht nämlich inzwischen schlicht in der Reparartur der Schäden, die unsere Produktionsweise und unser Lebensstil verursachen". Aus der Stuttgarter Zeitung vom Januar 1991: "Die Umweltverschmutzung verursacht nach einer Studie des Umwelt- und Prognose-Instituts Heidelberg (UPI) in der Bundesrepublik jedes Jahr Schäden von 475 Milliarden Mark... Würden die Umweltkosten korrekt in die Kaufpreise eingerechnet, müßte ein Mittelklassewagen 85 000 statt 21 000 Mark kosten, und der Liter Benzin müßte mit 5,70 Mark berechnet werden".

5. Die Schwächen des marktwirtschaftlich-kapitalistischen Systems sind offenkundig:
* "Es tendiert zur Konzentration wirtschaftlicher Macht. Das Ideal eines freien Wettbewerbs ist oft nur in der Theorie vorhanden. Politische Kontrolle ist dabei im Zeitalter multinationaler Konzerne nur schwer möglich.
* Es bringt eine sehr ungleiche Einkommensverteilung hervor. Schwächere werden ausgegrenzt. Es ist eine Illusion des Wirtschaftsliberalismus, daß irgendwann der erarbeitete Wohlstand zu allen durchtröpfelt. Selbst in den Industrieländern mit einem verbesserten System eines Wohlfahrts-Kapitalismus fallen immer mehr Menschen unter die Armutsgrenze, von den Entwicklungsländern an der Peripherie der Weltwirtschaft ganz zu schweigen.
* Das System ist gleichgültig gegenüber dem, was produziert wird. Hauptsache es verkauft sich. Die Werbung ist dabei ein gefährliches Instrument gerade für unsinnigen und schädlichen Konsum...
* Das System blendet externe Effekte wie negative ökologische oder soziale Folgen aus. Es ist, sich selbst überlassen, blind für Zerstörung und Selbstzerstörung...
* Das System "denkt" nur kurzfristig. Das Eigeninteresse folgt dem jetzt oder in nächster Zukunft erzielbaren Gewinn. Langfristige Allgemeininteressen der Gesellschaft (wie etwa Schonung der Ressourcen für kommende Generationen) werden nicht ins Kalkül gezogen".

6. Die Ideologie des Marktes (ungehindertes Wachstum) gefährdet das Überleben von Mensch und Natur. Ein zukunftsfähiges Weltwirtschaftssystem muß den sozialen Ausgleich sichern, eine weltweite Gerechtigkeit in der Verteilung der Lebenschancen anstreben und die Bewahrung der Schöpfung einschließen. Die Idee der sozialen Marktwirtschaft muß in Richtung eines globalen, öko-sozialen Wirtschaftsstils weiterentwickelt werden. Wichtige Schritte auf dem Weg zu diesem Ziel sind:
* "Die Preise müssen die volle ökonomische und ökologische Wahrheit sagen. Durch Öko-Steuern und Abgaben müssen die sozialen und ökologischen Folgekosten voll in die Preise eingehen. Das Verursacherprinzip ist dabei konsequent anzuwenden. Ergänzend müßten die wichtigsten Lebensgrundlagen durch klare gesetzliche Bestimmungen geschützt werden.
* Wir brauchen endlich einen politischen Konsens über gerechtere Wirtschaftsbeziehungen zwischen reichen und armen Ländern: faire Handelsbeziehungen, Lösung der Schuldenkrise und höhere Rohstoffpreise. Hier versagt das marktwirtschaftliche System aufgrund der völlig ungleichen Machtverhältnisse. Ohne ein Minimum an Gerechtigkeit wird es keine stabilen Verhältnisse und schon gar nicht Frieden geben".

Burghard Krause: Auszug aus dem Schneckenhaus, Aussaat Verlag

Als Jesus weitergehen wollte, kam ein Mann zu ihm gelaufen, kniete vor ihm nieder und fragte: "Guter Lehrer, was muß ich tun, um das ewige Leben zu bekommen?" "Warum nennst du mich gut?" erwiderte Jesus, "nur einer ist gut, Gott! Und seine Gebote kennst du doch: Morde nicht, zerstöre keine Ehe, stiehl nicht, sage nichts Unwahres, beraube niemand, ehre deinen Vater und deine Mutter!"

"Diese Gebote habe ich von Jugend an alle befolgt", erwiderte der Mann. Jesus sah ihn voller Liebe an und sagte: "Eines fehlt dir: Verkauf alles, was du hast, und gib das Geld den Armen, so wirst du bei Gott einen unverlierbaren Reichtum haben. Und dann geh mit mir!"

Als der Mann das hörte, war er enttäuscht und ging traurig weg; denn er war sehr reich.

Markus 10, 17 - 22

Burghard Krause: Auszug aus dem Schneckenhaus, Aussaat Verlag

ARBEITSMATERIAL GRUPPE 1:
Impulse zu einer Veränderung der Lebenspraxis

Die folgenden Anregungen für einen einfachen Lebensstil stammen aus dem Buch von Ronald J. Sider "Der Weg durchs Nadelöhr - Reiche Christen und der Welthunger":

Hier geht es um Hinweise, nicht um Regeln. Freiheit, Freude und Lachen gehören zum einfachen Leben.

1. Reduzieren Sie Ihren Etat für Lebensmittel durch: Anbau von Gemüse in Ihrem Garten (Hacken ist besser als mähen); ersetzen Sie tierische durch pflanzliche Eiweiße; regelmäßiges Fasten; Aufstellen eines monatlichen Etats (halten Sie sich auch daran!).

2. Stellen Sie den eigenen Lebensstil in Frage, nicht den Ihres Nachbarn!

3. Senken Sie den Energieverbrauch dadurch, daß Sie:
Ihren Thermostat zu Hause und am Arbeitsplatz im Winter auf 20 oder weniger stellen; öffentliche Transportmittel benutzen; für Wegstrecken unter einem Kilometer Ihre Füße gebrauchen; aus dem Geschirrwaschen ein "Familientreffen" machen.

4. Widerstehen Sie der Verbrauchermentalität, indem Sie das Werbefernsehen einfach ausschalten.

5. Tragen Sie zur Reduzierung des Verbrauchs von nicht wieder aufzubereitenden Rohstoffen in unserer Gesellschaft bei, indem Sie:

solche Waren nicht kaufen, die aufgrund des geschäftlichen Interesses auf kurze Lebensdauer angelegt sind; Haushaltsgeräte, Werkzeuge, Rasenmäher, Sport- ausrüstungen, Bücher, sogar das Auto gemeinschaftlich benutzen; einen Geräteschuppen in Ihrer Kirche für Sachen, die nur gelegentlich gebraucht werden, einrichten: für Gartenscheren, Matratzen für unerwartete Gäste, Rasenmäher, Campingausrüstung usw.

6. Haben Sie ein oder zwei Kinder "aus eigener Produktion". Aber dann adoptieren Sie!

7. Achten Sie darauf, wieviel Sie für rein statusbedingte Posten ausgeben; streichen Sie den Betrag dann.

8. Lehnen Sie es ab, mit der neuesten Mode zu gehen.

9. Freuen Sie sich an den Dingen, die nichts kosten.

10. Leben Sie einmal einen Monat lang von dem vom Sozialamt vorgegebenen Sozialhilfebetrag.

11. Geben Sie Ihren Kindern mehr Liebe und Zeit als immer nur mehr Sachen!

12. ....

13. ....

14. ....

Fragen an Gruppe 1:

* Welche Impulse zu einer alternativen Lebenspraxis würden Sie gern einmal ausprobieren? Wie könnte das praktisch aussehen?

* Durch welche eigenen Ideen möchten Sie die Liste ergänzen?

Burghard Krause: Auszug aus dem Schneckenhaus, Aussaat Verlag

VII-12a

> # ARBEITSMATERIAL GRUPPE 2:
> "Spendengemeinschaft"

Pastor Werner Jacken aus Wuppertal berichtet:

Früher hatten meine Frau und ich mit dem Spenden so unsere Probleme! Zwar war uns klar, daß unser Christsein auch Konsequenzen für unser Portemonnaie hat. Aber der verantwortliche Umgang mit dieser Einsicht wollte sich lange Zeit nicht einstellen. Während der Ausbildung war der Wille abzugeben deutlich stärker als die reale Möglichkeit. Interessanterweise verkehrte sich diese Rechnung mit den Jahren und mit der Höhe des Einkommens. Allerdings nahm nun das schlechte Gewissen zu. Spontane und hektische (großzügige?) Überweisungen an Notkomitees, Hilfsorganisationen und PR-versierte Spendensammler, meist zum Ende eines Steuerjahres, waren die Folge. So blieben die 20 Pfennige für den Kindergottesdienst, von Mutter in die Hand gedrückt, der inflationsbereinigte Maßstab unserer Spendenpraxis.

Erst ein Gespräch mit guten Freunden durchbrach den Tabumantel, den wir, von den Eltern wohl übernommen, dem Thema "Geld" umgehängt hatten. Unsere Freunde hatten auch Spenden-Probleme, wenn auch ganz andere. Durch eine allzu großzügige Spendenpraxis in den ersten Ehejahren hatten sie den Überblick über ihre Finanzen verloren und sahen dann als junge Familie ziemlich alt aus: mangels Rücklagen mußten sie sich die Mittel für das aus beruflichen Gründen benötigte Auto bei Verwandten zusammenleihen. Wir überlegten: viele Dinge lassen sich in einer Gemeinschaft einfacher und produktiver verhandeln, Lernen, Bibellesen, Freizeitgestaltung, Kochen - warum nicht auch der Umgang mit Geld.

Die Idee unserer "Spendengemeinschaft" war geboren. Bald gehörten acht Personen dazu: drei Ehepaare, ein Single, nicht gerechnet sechs Kinder zwischen 12 Jahren und 15 Monaten. Alle Beträge, die wir abgeben wollen, werden auf ein gemeinsames Konto eingezahlt. Wir haben bewußt keinen Regelsatz festgelegt. Niemand rechnet nach oder kontrolliert. In regelmäßigen Abständen - möglichst vierteljährlich - treffen wir uns, erfahren von der Kontoführerin den Stand der Dinge, beraten und entscheiden über die angesammelten Gelder. Vorschläge kann jeder/jede einbringen. Es kommen erstaunliche Summen zusammen, die wir dann mit vollen Händen ausgeben. Das macht mächtig Spaß. Gemeinsam können wir viel effektiver helfen als allein. Eine Leitfrage für die Verteilung des Geldes ist: Kennen wir Menschen, die ansonsten aus keiner "zuständigen" Quelle finanzielle Hilfe bekommen? U. a. unterstützen wir südafrikanische Freunde bei der Ausbildungsfinanzierung ihrer Kinder, ermöglichen die Anschaffung eines Klaviers in einem Wuppertaler Gefängnis und unterstützen die Arbeit einer evangelistisch-diakonischen City-Arbeit. Spontane Hilfen sind nach telefonischem Rundruf jederzeit möglich. Die beliebten Spendenquittungen werden, sofern überhaupt vorhanden, möglichst gerecht auf die Einzahler/innen verteilt.

Burghard Krause: Auszug aus dem Schneckenhaus, Aussaat Verlag

Haben wir jetzt keine Probleme mehr mit dem Spenden? Natürlich, vielleicht sind sie sogar größer geworden. Denn in den vielen Gesprächen wurde uns der unverantwortliche Umgang mit unserem Geld bewußt. Wir konnten über den "Zehnten" und andere Prozentzahlen miteinander reden, später sogar, wenn auch erst mühsam, über Lohnzettel und Bruttogehalt. Auch den Austausch über Spareinlagen und Ausbildungsrücklagen für die Kinder empfanden die Gruppenmitglieder als wichtig und befreiend. Aber so manche "Sicherheitsstrategie" und "Reservenwirtschaft" geriet doch ins Wanken, nicht zuletzt durch die Praxis der Mitglieder der Gemeinschaft, die mit weniger Geld andere Prioritäten setzen.

Wir haben eine wichtige Erfahrung gemacht: Geldangelegenheiten sind für Christen keine Privatsache, sondern bedürfen der gemeinsamen Beratung und geschwisterlichen Begleitung... Also: für einen Hauskreis ist dies eine interessante und "gewinnbringende" Möglichkeit, Konsequenzen der Nachfolge Christi zu ziehen, sich selbst dabei kennenzulernen und nötige Verbindlichkeit im Hauskreis aufzubauen.

Fragen an Gruppe 2:

* Was halten Sie von dem Vorschlag einer "Spendengemeinschaft"? Welche Vorteile und Anreize bietet er gegenüber der herkömmlichen individuellen Spendenpraxis?

* Überlegen Sie, was notwendig wäre, um Ihren Haus-, Bibel- oder Gesprächskreis für ein solches Projekt zu gewinnen? Wie würden Sie argumentieren? Mit welchen Hindernissen rechnen Sie?

* Gesetzt den Fall: Ihr Haus-, Bibel- oder Gesprächskreis würde eine "Spendengemeinschaft" bilden - welche Auswirkungen hätte das vermutlich auf die Beziehungen in der Gruppe, auf das (gemeinsame) Bibellesen und Beten und auf das Verhältnis zur Umwelt?

Burghard Krause: Auszug aus dem Schneckenhaus, Aussaat Verlag

ARBEITSMATERIAL GRUPPE 3:
Alternative Geldanlagen am Beispiel EDCS

"Wenn Sie hohe Zinsen oder größtmögliche Sicherheit für Ihr Geld suchen: dann sollten Sie sich bei der nächsten Bank beraten lassen. Wenn Sie auf einen Teil Ihres Geldes ganz verzichten können: dann sollten Sie spenden. Wenn Sie einen neuen Weg suchen, Rücklagen in Gerechtigkeit zu investieren: dann schlagen wir Ihnen vor, sich mit EDCS näher zu befassen".

Mit diesem Spruch wirbt die "Ökumenische Entwicklungsgenossenschaft", die EDCS (= Ecumenical Development Cooperative Society) für ihr Anliegen. Worum geht es? Immer mehr Menschen wollen ihr Geld nicht einfach bei der Bank anlegen, die die höchsten Zinsen bietet, sondern wollen sichergehen, daß mit ihren Ersparnissen nicht gerade Rüstungskäufe und umweltzerstörende Produktionsweisen gefördert werden. Sie suchen nach Möglichkeiten einer *sozial verantwortlichen Geldanlage*, die nicht nur auf Sicherheit und Rendite ausgerichtet ist, sondern sich an ethischen, friedensfördernden, ökumenischen oder ökologischen Kriterien orientiert. Dazu gibt es inzwischen vielfältige Angebote: z. B. verschiedene alternative Banken, Öko-Sparbriefe, Umwelt- und Ethik-Investmentfonds. EDCS ist also nur eine Möglichkeit von mehreren, Geld, das man im Augenblick nicht braucht, in Gerechtigkeit zu investieren.

Wie funktioniert EDCS? Hier zunächst ein Schaubild:

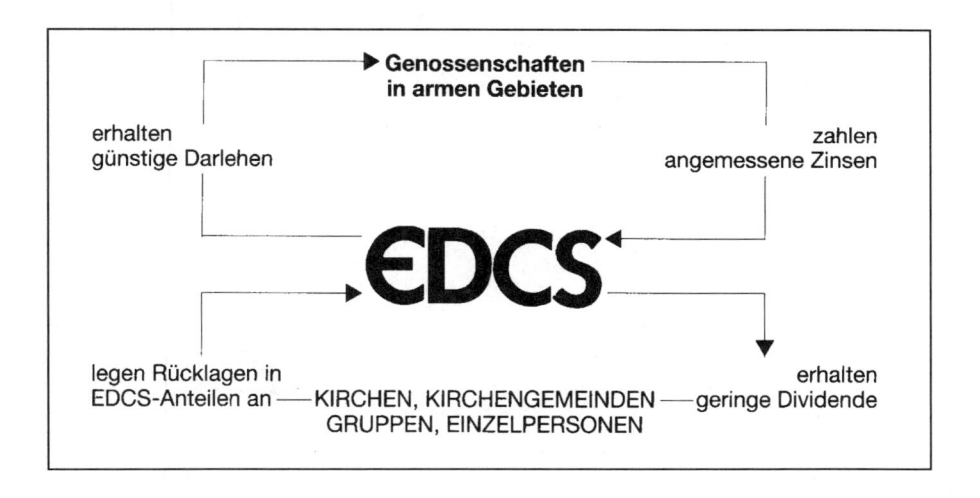

```
                    ┌──► Genossenschaften ──┐
                    │     in armen Gebieten  │
       erhalten     │                         │    zahlen
    günstige Darlehen                         angemessene Zinsen
                    │                         │
                    │        EDCS ◄───────────┘
                    │         ▲               
                    └─────────┘               ▼
       legen Rücklagen in                          erhalten
       EDCS-Anteilen an ── KIRCHEN, KIRCHENGEMEINDEN ── geringe Dividende
                           GRUPPEN, EINZELPERSONEN
```

Beim Geld von EDCS geht es nicht um *Spendenmittel*, sondern um *Kredite*. "Wer ein Darlehen gibt, ist größer als der, der ein Almosen gibt, denn er erspart dem Armen eine Beschämung" (Rabbi Abba um 290).

Burghard Krause: Auszug aus dem Schneckenhaus, Aussaat Verlag

Mit dem Ziel, zu mehr wirtschaftlicher und sozialer Gerechtigkeit in dieser Welt beizutragen, vergibt EDCS *günstige Kredite an genossenschaftliche Gruppen von Menschen in armen Regionen der Erde* und fördert damit deren ökonomische und soziale Eigenständigkeit. EDCS unterstützt Gruppen, die nur über eine geringe Wirtschaftskraft verfügen und daher auf dem freien Kapitalmarkt als kreditunwürdig gelten. EDCS-Kredite sind erheblich günstiger als ortsübliche. Der Zinssatz bleibt während der gesamten Laufzeit konstant. Die Partner werden an der Ausarbeitung der Vertragsbedingungen beteiligt.

Ein Beispiel: 1983 gründen siebzehn Indianergemeinden in Mexiko eine bäuerliche Genossenschaft. Sie organisiert für die ca 2500 Mitglieder den Verkauf und die Lagerung von Kaffee, der in Deutschland über die Alternative Handelsorganisation GEPA erhältlich ist. Damit die Kleinbauern, um möglichst schnell an das dringend benötigte Geld zu kommen, ihren Kaffee nicht mehr an korrupte Zwischenhändler und Spekulanten zu Niedrigstpreisen verkaufen, muß die Genossenschaft die Ernten vorfinanzieren. EDCS gibt dazu einen Kredit in Höhe von 456 000 Dollar.

Wer bei EDCS als Institution oder als Einzelperson *Geld anlegen* will, wird Mitglied im Förderkreis und erwirbt EDCS-Anteile in Höhe von je 450,- DM. Alle Anteilseigner und Mitglieder partizipieren unmittelbar an den Anstrengungen der Projektpartner/innen: sie haben unabhängig von der Höhe des eingebrachten Kapitals ein Mitbestimmungsrecht über die Ausrichtung der Arbeit von EDCS; sie werden darüber informiert, wo und wie ihr Geld arbeitet und erhalten je nach Geschäftsverlauf eine *bescheidene* Dividende. Sie leisten damit als Zeichen ihrer Solidarität mit den Benachteiligten einen *Zinsverzicht*, erhalten aber ihre Einlagen zurück, sobald diese benötigt werden. Da trotz guter Planung einzelne Projekte ihre Kredite nicht zurückzahlen können, ist jeder EDCS-Anleger auch an den *Risiken* beteiligt, denen die Projektpartner/innen ausgesetzt sind. Durch Rücklagen in der Höhe der zu erwartenden Verluste konnte die EDCS jedoch das bisher investierte Kapital in seinem Wert erhalten. Das Prinzip des *"solidarischen Darlehens"* bei EDCS ist eine konkrete Gestalt des *"ökumenischen Teilens"* und damit für Kirchengemeinden, Gruppen und Einzelpersonen eine *"gewinnbringende"* Einübung ins *"ökumenische Lernen"*.

EDCS wurde 1975 vom Ökumenischen Rat der Kirchen gegründet. 1992 waren 260 Kirchen und kirchenverbundene Organisationen aus 70 Ländern (davon 19 Förderkreise mit ca. 8000 Einzelmitgliedern) Direktmitglieder von EDCS. Das gezeichnete Anteilskapital beträgt rund 80 Millionen DM. Damit konnte EDCS an ca. 145 Projektpartner/innen Kredite vergeben und ca. 6500 Arbeitsplätze schaffen bzw. erhalten.

Fragen an Gruppe 3:

* Was gefällt Ihnen an der Idee von EDCS?

* Was spricht dafür / dagegen, daß Sie selbst bei EDCS einsteigen?

* Ist Ihre Kirchengemeinde / Ihr Kirchenkreis Mitglied bei EDCS?
  Wenn nein: was könnten Sie persönlich dafür tun, eine solche Mitgliedschaft anzuregen und durchsetzen zu helfen?

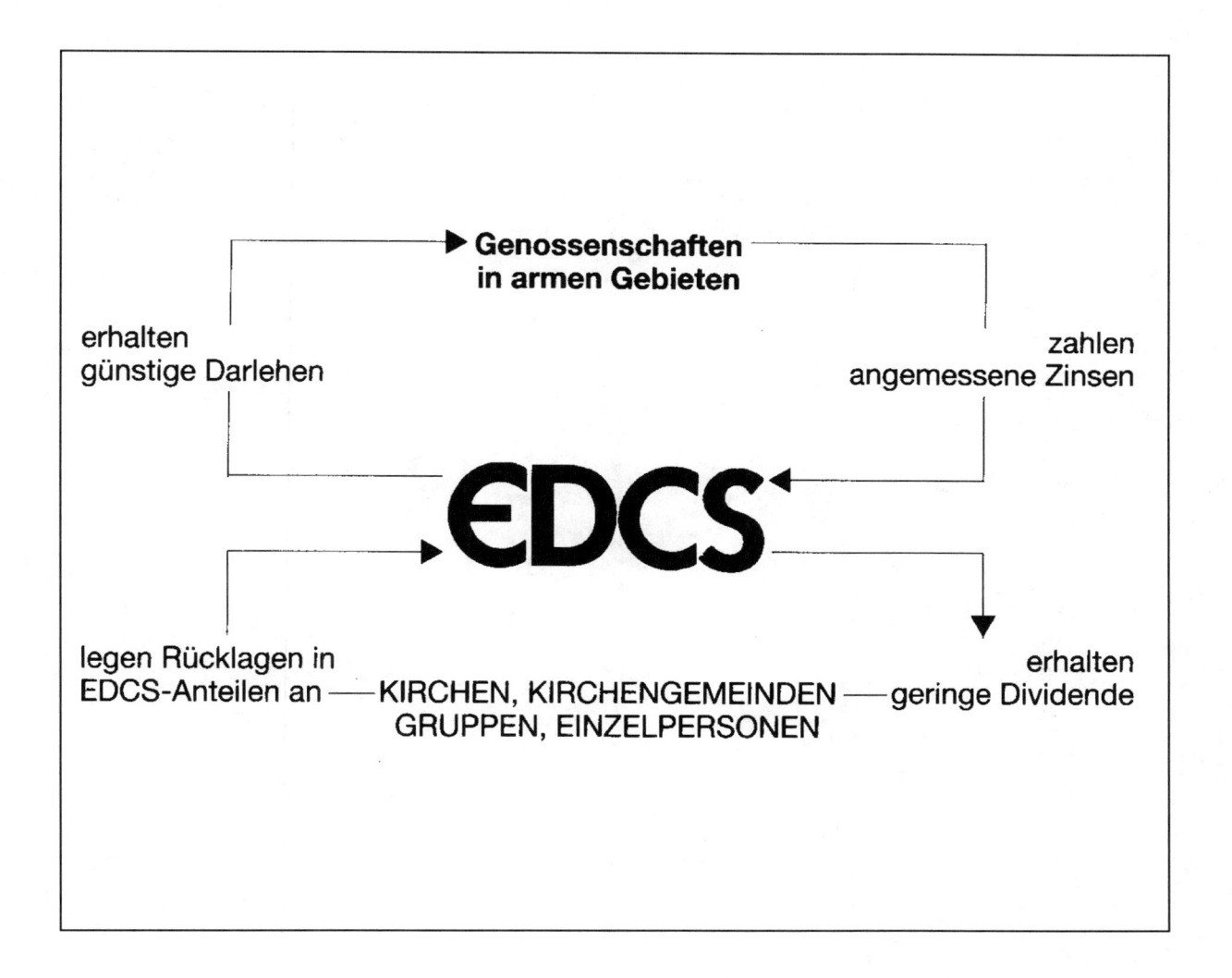

```
                    ▶ Genossenschaften
                      in armen Gebieten

erhalten                                    zahlen
günstige Darlehen                           angemessene Zinsen

                         ▶ EDCS ◀

                                            erhalten
legen Rücklagen in                          geringe Dividende
EDCS-Anteilen an —— KIRCHEN, KIRCHENGEMEINDEN ——
                    GRUPPEN, EINZELPERSONEN
```

Ein Gesetzeslehrer wollte Jesus auf die Probe stellen und fragte ihn: "Lehrer, was muß ich tun, um das ewige Leben zu bekommen?" Jesus antwortete: "Was steht denn im Gesetz? Was liest du dort?" Der Mann antwortete: "Liebe den Herrn, deinen Gott, von ganzem Herzen, mit ganzem Willen, mit deiner ganzen Kraft und deinem ganzen Verstand! Und: Liebe deinen Mitmenschen wie dich selbst!" "Richtig geantwortet", sagte Jesus. "Handle so, dann wirst du leben". Aber der Gesetzeslehrer wollte sich verteidigen und fragte: "Wer ist denn mein Mitmensch?" Jesus begann zu erzählen:

Ein Mann ging von Jerusalem nach Jericho. Unterwegs überfielen ihn Räuber. Sie nahmen ihm alles weg, schlugen ihn zusammen und ließen ihn halbtot liegen. Nun kam zufällig ein Priester denselben Weg. Er sah den Mann liegen, machte einen Bogen um ihn und ging vorbei. Genauso machte es ein Levit: er sah ihn und ging vorbei.

Schließlich kam ein Mann aus Samarien. Als er den Überfallenen sah, hatte er Mitleid. Er ging zu ihm hin, behandelte seine Wunden mit Öl und Wein und verband sie. Dann setzte er ihn auf sein eigenes Reittier und brachte ihn in das nächste Gasthaus, wo er sich um ihn kümmerte. Am anderen Tag gab er dem Wirt zwei Silberstücke und sagte: "Pflege ihn! Wenn du noch mehr brauchst, will ich es dir bezahlen, wenn ich zurückkomme".

"Was meinst du?" fragte Jesus. "Wer von den dreien hat an dem Überfallenen als Mitmensch gehandelt?" Der Gesetzeslehrer antwortete: "Der ihm geholfen hat!" Jesus erwiderte: "Dann geh und mach es ebenso!"

Lukas 10, 25 - 37

Burghard Krause: Auszug aus dem Schneckenhaus, Aussaat Verlag

*Wo kämen wir hin,
wenn alle sagten:
Wo kämen wir hin!
Und niemand ginge,
um einmal zu schauen,
wohin man käme,
wenn man ginge.*
Kurt Marti

Selbstverpflichtung:

In der Freiheit, die Christus mir gibt,
und in der Bindung an ihn
möchte ich durch den folgenden Schritt
ein kleines Zeichen der Hoffnung auf Gottes Reich
in einer nach Gerechtigkeit hungernden Welt setzen.

Ich verpflichte mich:

....

....

....

....
Datum *Unterschrift*

Burghard Krause: Auszug aus dem Schneckenhaus, Aussaat Verlag

Burghard Krause
Auszug aus dem Schneckenhaus
Aussaat Verlag

Quellenverzeichnis:

Wir sind bemüht, jeweils die genaue Bild- bzw. Textquelle anzugeben. Leider ist das nicht in allen Fällen möglich gewesen. Für Hinweise ist der Verlag dankbar. Bibeltexte wurden nach: Lutherbibel, revidierter Text 1984, oder nach: Die Bibel in heutigem Deutsch. Die Gute Nachricht des Alten und Neuen Testaments, Deutsche Bibelgesellschaft Stuttgart 1982, wiedergegeben. Mit Genehmigung der Deutschen Bibelgesellschaft Stuttgart.

I	**Von Gottes Leidenschaft für die Welt - und wie wir uns davon anstecken lassen**
I-3	Quelle des Bildes unbekannt
I-4	Lithographie von Ernst Barlach, "Der Barmherzige"
I-8 / I-9	Zeichnungen: Alexander Hermanspann, Mühlheim
I-11	Quelle des Bildes unbekannt
I-13a-b	Fulbert Steffensky, Der Zettel; aus: Arbeitsheft Weltmission '94, Hg. Evangelisches Missionswerk in Deutschland (EMW) Hamburg Februar 1994, 11f, mit freundlicher Genehmigung des Autors
I-15	Karl Barth; der Text wird zitiert nach Karl Kupisch, Karl Barth in Selbstzeugnissen und Bilddokumenten, rororo Monographien 174, Hamburg 1971, 135
I-16	Montage "Hand mit Weltkugel"
I-17	Das Bild von Wendy Hoile wurde dem "Frauen-Magazin zur Rogate-Aktion 1987" entnommen, Hg. Evangelisches Missionswerk in Deutschland (EMW), Hamburg 1987, 56, mit freundlicher Genehmigung des EMW
I-19	Die Graphik entstammt dem Buch von Wolfgang Vorländer, Gelebte Hoffnung, Neukirchen-Vluyn 1988, 16
I-21	Quelle der Geschichte unbekannt
I-22a-c	Zeichnungen: Hans-Werner Mehnert, Hermannsburg
I-25	Quelle des Fischzug-Bildes unbekannt

II	**Von einem zeichenhaften Lebensstil - und wie er unseren Alltag verändert**
II-1	Bild aus: Werner "Tiki" Küstenmacher, Geistliche Höhenflüge. Der Himmlischen Bilderbögen dritter Teil, München 1991, 44
II-2	Bild aus: Mary Chambers, Unglaublich christlich. 77 Cartoons, Gießen 1993, 42
II-3	Quelle des Bildes unbekannt
II-14	Quelle des Bildes unbekannt

III	**Vom Mündigwerden der Christen -** **und wie unser Glaube zur Sprache findet**
III-1	Graphik: Hans-Werner Mehnert, Hermannsburg
III-2	Text von Lothar Zenetti; genaue Quelle unbekannt
III-4	Karikatur: Alexander Hermanspann, Mühlheim
III-7a-b	Text: Tobias Brocher, in: Deutscher Evangelischer Kirchentag 1975 in Frankfurt. Dokumente, Stuttgart 1975, 145f, mit freundlicher Genehmigung des Autors
III-21	Quelle des Bildes unbekannt
III-28	Bild unter Verwendung einer Graphik von Andreas Felger; die Graphik wurde entnommen aus: Rundbrief der Geistlichen Gemeinde-Erneuerung in der Evangelischen Kirche (Titelblatt), mit freundlicher Genehmigung
IV	**Vom verborgenen Schatz der Gemeinde -** **und wie wir unsere Gaben entdecken**
IV-1	Quelle des Bildes unbekannt
IV-6	Die Geschichte von Sören Kierkegaard wurde entnommen aus: Feiert Gott in eurer Mitte, Liederbuch der Teestube Würzburg, Stuttgart 1979
IV-7	Zeichnung: Hans-Werner Mehnert, Hermannsburg
IV-9	Das Bild zeigt einen Ausschnitt aus einer Karikatur von Werner Küstenmacher; entnommen aus: Werner "Tiki" Küstenmacher, Geistliche Höhenflüge. Der Himmlischen Bilderbögen dritter Teil, München 1991, 44
IV-11	Die Anregung zu dieser Graphik verdanke ich Fritz Gaiser, Ankertexte 13 (Rundbrief des Wörnersberger Ankers)
IV-14 /15	Zeichnungen: Hans-Werner Mehnert, Hermannsburg
IV-17	aus: Neue Texte für Junge Menschen. Zeit zum Leben, Gütersloh 1995
IV-21	Der Fragenkatalog enthält (zum Teil gekürzt bzw. abgewandelt) Fragen aus: Andreas Ebert, Enneagramm und Kirche - Anstöße zum Gemeindeaufbau, in: Erfahrungen mit dem Enneagramm. Sich selbst und Gott begegnen (Hg. A. Ebert, R. Rohr u. a.), München 1991, 233 - 236
IV-25	Text: Lothar Zenetti, Die wunderbare Zeitvermehrung, aus: ders., Sieben Farben hat das Licht. Texte, die den Tag begleiten - eine Auswahl, J. Pfeiffer Verlag, München 1981, 56f
V	**Vom Vorgeschmack des Himmels -** **und wie der Gottesdienst zum Fest wird**
V-1	Cartoon: Horst Grimm, Pfarrbrief-Materialdienst "image", Bergmoser + Höller Verlag, Aachen
V-2a-d	Der Text wurde entnommen aus: Okko Herlyn, Theologie der Gottesdienstgestaltung, Neukirchen-Vluyn 1988, 16
V-4	Die Strukturübersicht des Gottesdienst-Ablaufs wurde entnommen aus: Fritz Baltruweit und Günter Ruddat, Gemeinde gestaltet Gottesdienst. Arbeitsbuch zur Erneuerten Agende, Gütersloh 1994, 47f
V-12	Das Bild wurde entnommen aus: Bibel-Teilen, Werkheft für Schulen und Gemeinden, missio 1986
V-13	Der Überblick über die Sieben-Schritte-Methode wurde in gekürzter und leicht veränderter Form übernommen aus: Bibel-Teilen, Werkheft für Schulen und Gemeinden, missio 1986

VI	**Vom Segnen, Lösen und Heilen –** **und wie wir befreiend handeln können**
VI-2	Text des Liedes: Reinhard Bäcker, Musik: Detlef Jöcker; aus: Heut ist ein Tag, an dem ich singen kann (II); alle Rechte im Menschenkinder-Verlag, 48157 Münster
VI-3	Segen aus dem 4. Jahrhundert; aus: Worte heute, Hg. Verlag der action 365, Frankfurt/M., mit freundlicher Genehmigung des Verlages
VI-6	Quelle des Bildes unbekannt
VI-8	Die Bilder wurden der Serie "Anders geht es besser! Bilderbuch der Schuld" von Heinz Giebeler und Johannes Hansen entnommen; Verlag Junge Gemeinde, Stuttgart 1967. Text: Lothar Zenetti, Umkehr, aus: ders., Texte der Zuversicht, J. Pfeiffer Verlag, München 6. Aufl. 1987, 54
VI-14	Der Text wurde entnommen aus der Zeitschrift "Gemeinde-Erneuerung", Heft 50, 1992, 17
VI-15	Der Text wurde entnommen aus der Zeitschrift "Das missionarische Wort" (Hg. Arbeitsgemeinschaft Missionarische Dienste Stuttgart), Heft 2, 1990, 74f
VI-18a-b	Text: Rainer Stuhlmann, Leibhaftiger Glaube – spürbarer Segen. Erfahrungen mit einem evangelischen Salbungsgottesdienst; in der Zeitschrift: Unterwegs. Glaube, Evangelium, Politik, Heft 2, 1995, 35-38 (gekürzt), mit freundlicher Genehmigung

VII	**Vom Hunger nach Gerechtigkeit –** **und wie wir miteinander teilen lernen**
VII-1	Text: Michel Quoist, Herr, da bin ich, Gebete, 61. Aufl. 1986, Neuausg., Verlag Styria Graz Wien Zürich
VII-4	Quellen der Datenübersicht: Daten über monatliche Netto-Einkommen 1992 aus: Datenreport 1994, Statistisches Bundesamt Bonn, 1994, 103; Daten über Armutsgrenze und Betroffenheit von Armut in Westdeutschland 1992 aus: Armut in Deutschland. Der Armutsbericht des Deutschen Gewerkschaftsbundes und des Paritätischen Wohlfahrtsverbandes (Hg. W. Haenesch u. a.), rororo aktuell 13420, Reinbek 1994; Text aus: Jim Wallis, Die Seele der Politik. Eine Vision zur spirituellen Erneuerung der Gesellschaft, München 1995, Anmerkung des Übersetzers Andreas Ebert, 13f
VII-6	Graphik "Deutscher Mietenspiegel" aus: Datenreport 1994, 131
VII-8a-b	Die Zitate der Thesenreihe sind entnommen aus: Markt – Macht – Magie: Lernfeld Ökonomie. Eine Arbeitshilfe. Erhältlich bei der Evangelischen Arbeitsgemeinschaft für Erwachsenen-Bildung in Württemberg, Stuttgart, 18ff sowie aus: Walter Eberlei, Weltwirtschaft und soziale Gerechtigkeit, in: Unterwegs. Glaube, Evangelium, Politik, Heft 3, 1995, 10ff
VII-10	Das Bild wurde entnommen aus einer Informationsbroschüre der deutschen Förderkreise der Ökumenischen Entwicklungsgenossenschaft (EDCS) mit dem Titel "In Gerechtigkeit investieren – EDCS-Anteile erwerben", Januar 1994
VII-11a-b	Text aus: Ronald J. Sider, Der Weg durchs Nadelöhr, Reiche Christen und Welthunger, Neukirchen-Vluyn, 5. Aufl. 1985 (leicht gekürzt)
VII-12a-b	Der Text von Werner Jacken (gekürzt) wurde aus der Zeitschrift Unterwegs. Glaube, Evangelium, Politik, Heft 2, 1992, mit freundlicher Genehmigung des Autors entnommen
VII-13a-b	Gekürztes und überarbeitetes Informationsmaterial der "Ökumenischen Entwicklungsgenossenschaft" (EDCS); zu bestellen beim Niedersächsischen Förderkreis EDCS, Haferweg 5, 38518 Gifhorn

Burghard Krause: Auszug aus dem Schneckenhaus, Aussaat Verlag